LES GNOSTIQUES

« Spiritualités vivantes »

JACQUES LACARRIÈRE

LES GNOSTIQUES

Préface de Lawrence Durrell

Albin Michel

Albin Michel
■ *Spiritualités* ■

Collections dirigées
par Jean Mouttapa et Marc de Smedt

22, rue Huyghens, 75014 Paris

ISBN 07024-9
ISSN 0755-1835

SOMMAIRE

SOMMAIRE

PRÉFACE

C'est un essai fort et original, une sorte de méditation poétique sur les gnostiques disparus d'Égypte, que leur refus radical de croire au monde, tel qu'il fut présenté par les théologiens du christianisme, conduisit à la destruction, aussi bien en Égypte qu'en Bosnie, avant d'aboutir à ces Thermopyles de l'âme gnostique que fut Montségur. Je voudrais souligner que ce livre est plus près de la poésie que de l'érudition, bien que sa documentation soit impeccable. Sa reconstitution de la vie des gnostiques est aussi convaincante que celle des Étrusques disparus par D. H. Lawrence.

La documentation que nous possédons sur les gnostiques est aussi rare que celle dont nous disposons sur les Étrusques, et sa plus grande partie vient de l'opposition, c'est-à-dire des Pères de l'Église. Lacarrière s'est servi de ces sources avec honnêteté et adresse, et son essai est d'une brûlante actualité dans un monde qui joue au gnosticisme. Mais combien ce grand défi poétique des gnostiques est noble, en comparaison avec le plat défaitisme hippie d'aujourd'hui ! Eux, ont refusé de protéger un monde créé imparfait et, ils ont affronté le grand mensonge de Lucifer et de Mammon avec la splendeur sans espoir des trois cents Spartiates.

Nous devons savoir sur l'auteur qu'il est un rêveur et un poète : il n'est ni un érudit, ni un journaliste. Il est un chercheur et il a passé un long moment en Égypte, étudiant les langages et les paysages de l'Orient. Il est impossible, lorsqu'on vit en Égypte, de ne pas être frappé par l'histoire de ces sectes apparemment disparues groupées autour de l'idée centrale du gnosticisme et qui furent finalement dispersées dans le monde entier par les « vrais chrétiens », ces élus anthropophages du ciel qui nous ont légué l'univers mental dans lequel nous vivons. Lacarrière nous a donné une reconstruction à la façon de Cuvier du grand « non » gnostique au mensonge de l'amour fraternel et de leur refus de partager le monde de ce mensonge avec leurs chefs religieux. Le courage de ce désespoir est un poème sublime et ce livre splendide lui rend justice.

Lawrence DURRELL.

Dix-huit siècles nous séparent des gnostiques. Dix-huit siècles au cours desquels les guerres, les inquisitions, les bûchers où beaucoup périrent ont amplement confirmé la totale suspicion dans laquelle ils tenaient ce monde et les créatures qui l'habitent. Dans tout ce que l'histoire contemporaine met sous nos yeux : le mépris de plus en plus affiché de la personne humaine, la duperie des idéologies, les guerres ou les interventions militaires ouvertement menées au profit des intérêts conjugués du capitalisme et du socialisme, la dégradation quotidienne de la liberté et la fascination de la violence, dans tout cela un gnostique d'aujourd'hui ne verrait que l'image amplifiée des drames qu'il a connus et le fatal aboutissement de ce scandale permanent qu'est l'existence du monde et de l'homme *tels qu'ils sont*.

Qui étaient donc ces hommes assez lucides pour porter sur la création un regard dénué de toute indulgence, assez sensibles pour avoir ressenti jusqu'à son terme insupportable l'angoisse d'une éternité toujours promise et toujours refusée, assez sincères aussi pour avoir, dans leur propre vie, accepté toutes les implications de ce refus total du monde et s'être comportés, partout, en insoumis ?

Le terme de gnostique est vague et recouvre des significations bien différentes. Mais il a pris dans l'histoire un sens privilégié au cours des premiers siècles de notre ère. Sur les rives orientales de la Méditerranée, en Syrie, en Samarie, en Égypte, au moment où le christianisme cherche sa voie, où tant de prophètes, de messies parcourent les routes de l'Orient édifiant çà et là des communautés éphémères, certains hommes qu'on appela Gnostiques, c'est-à-dire ceux qui savent, constituèrent eux aussi des communautés importantes, groupées autour de quelques maîtres et détentrices d'un enseignement radicalement différent de tous ceux qui, alors, avaient cours.

Je ne peux ici qu'esquisser les grandes lignes d'un message complexe et fascinant — puisqu'il sera repris très en détail dans le cours de ce livre. La gnose est une connaissance. C'est sur la connaissance et non sur la croyance et sur la foi que les gnostiques entendaient s'appuyer pour édifier leur image de l'univers et les implications qu'ils en tirèrent : connaissance de l'origine des choses, de la nature réelle de la matière et de la chair, du devenir d'un monde auquel l'homme appartient aussi inéluctablement que la matière dont il est constitué. Or cette connaissance — née de leurs propres réflexions ou d'enseignements secrets qu'ils disaient tenir de Jésus ou d'ancêtres mythiques — les porte à voir dans toute la création matérielle le produit d'un dieu ennemi de l'homme. Viscéralement, impérieusement, irrémissiblement, le gnostique ressent la vie, la pensée, le devenir humain et planétaire comme une œuvre manquée, limitée, viciée dans ses structures les plus intimes. Depuis les étoiles lointaines jusqu'aux noyaux de nos cellules tout porte — matériellement décelable — la trace d'une imperfection originelle que seules la gnose et les voies qu'elle propose seront en mesure de combattre.

Mais cette critique radicale de toute la création s'accompagne d'une certitude tout aussi radicale, qui la suppose et la sous-tend : à savoir qu'il existe en l'homme quelque chose qui échappe à la malédiction de ce monde, un feu, une étincelle, une lumière issue du vrai Dieu, lointain, inaccessible, étranger à l'ordre pervers de l'univers réel, et que la tâche de l'homme est de tenter, en s'arrachant aux sortilèges et aux illusions du réel, de regagner sa patrie perdue, de retrouver l'unité première et le royaume de ce Dieu inconnu, méconnu par toutes les religions antérieures.

Dans leur réflexion, ces certitudes se traduisirent par un enseignement radical qui tenait pour caduques et non avenus la quasi-totalité des systèmes et des religions précédents. A quelques réserves près — puisqu'ils empruntèrent indifféremment certaines de ces certitudes à tel ou tel système, prophète ou livre sacré — on peut dire qu'en dépit de ses attaches avec telle philosophie du temps, la gnose est une pensée profondément originale, une *pensée mutante*.

Dans la vie quotidienne, ce refus des systèmes et

d'un monde gouverné non par des hommes mais par des ombres, des semblances d'hommes — ce que j'appellerai des pseudanthropes — les conduisit à vivre en marge de toute société constituée, à prôner le refus de toute compromission avec des institutions fallacieuses, à refuser la procréation, le mariage, la famille, l'obéissance à tous les pouvoirs temporels — qu'ils soient païens ou chrétiens.

Pour résumer en termes plus simples encore la position essentielle des gnostiques, disons qu'à leurs yeux, le vice qui entache toute la création et qui aliène l'homme dans son âme, son esprit et sa chair le prive de la conscience nécessaire à son propre salut. L'homme, ombre d'homme, ne détient qu'une ombre de conscience. C'est à cette tâche que se vouèrent délibérément — par des voies singulières, d'ailleurs, et qui scandalisèrent bien des contemporains — les gnostiques des premiers siècles : créer en l'homme une conscience véritable qui lui permette de conférer à ses pensées et à ses actes la permanence et la rigueur nécessaires pour échapper aux filets du monde.

De ce procès monumental entamé contre l'univers tout entier, l'immensité céleste, l'aliénation originelle de l'homme et la duperie des systèmes et des institutions, ouvrons donc le premier dossier et commençons par le commencement, c'est-à-dire par le ciel.

Le procès du monde

La mort d'une abeille assassinée par sa reine est chargée d'autant de sens que les massacres de Dachau.

R. Abellio,
Les yeux d'Ézéchiel sont ouverts.

LA DÉCHIRURE

Quand tous les calculs compliqués s'avèrent faux, quand les philosophes eux-mêmes n'ont plus rien à nous dire, il est excusable de se tourner vers le babillage fortuit des oiseaux ou vers le lointain contrepoids des astres.

M. Yourcenar,
Mémoires d'Hadrien.

Que suscite la vision du ciel si ce n'est louanges, enthousiasme et admiration ? Il est vaste, infini, immuable, omniprésent, il échappe au relatif, au mesurable, il est le paramètre de l'incommensurable. Mais dans ce concert tenu pour naturel, qui célèbre aurore, zénith, nadir et crépuscule avec une égale assurance, tintent parfois des notes discordantes. Être vaste, c'est bien. Être infini, c'est trop. Avoir des planètes, des étoiles, est une incontestable réussite. Mais en posséder des milliers, fourmiller d'astres qui sont autant d'yeux braqués chaque nuit sur le monde comme s'ils traquaient nos rêves, c'est disposer d'un pouvoir excessif, d'une splendeur bien redoutable. Quelque chose dans cette immensité tourne, s'engrène avec une régularité inquiétante par sa précision même, un mécanisme dont on ne sait pour qui ou contre qui il déploie ses rouages enflammés.

Donc, le ciel est au-dessus de nous, fourmillant d'astres, de constellations, d'archipels lumineux sur le fond noir du vide. Car ces plages obscures, ce tissu ténébreux, cette ombre interstitielle où les étoiles semblent piquées comme des pores incandescents, sont-ils constitués de matière ou de vide ? Le « vrai » ciel se réduit-il à sa lumière, à ces yeux clignotants sur l'océan des nuits ou est-il à la fois ce qui brille et ne brille pas, un feu tour à tour flamboyant et obscur ? Déjà, par ce simple regard porté sur la voûte céleste, les gnostiques se trouvent affrontés à la nature ultime du réel : quelle est cette matière tour à tour pleine et vide, compacte et ténue, lumineuse et obscure dont notre ciel est fait ? Ses plages et ses abîmes noirs sont-ils un néant, une absence de lumière ou une matière concrète qui s'interpose entre notre terre et les feux lointains qu'elle obstrue ?

Sans doute cette question paraîtra-t-elle absurde ou tout au moins prématurée en cette époque. Pourtant elle était impliquée dans la démarche même de la pensée gnostique. Puisque l'homme, à leurs yeux, est un fragment de l'univers, puisque le corps de l'un et l'espace de l'autre procèdent d'une matière unique, tous deux doivent obéir aux mêmes lois. L'homme est un miroir où l'on peut découvrir l'image réduite et condensée du ciel, un univers vivant portant en lui, en son corps et en sa psyché, des feux et des plages obscures, des zones d'ombre et de lumière. Sont-elles, ces lumières et ces ombres, les formes scindées d'une matière unique ou deux matières de natures opposées ? Toute notre existence, tous nos choix d'hominiens pensants sont impliqués vitalement dans cette simple question. Aussi les gnostiques cherchaient-ils dans les splendeurs et les terreurs du ciel la réponse à notre propre dualité : jamais question ne fut moins gratuite ni regards plus instamment dressés vers les étoiles.

Et ce qui semble alors, au long des nuits d'Égypte, frapper le regard de ces hommes, c'est surtout la part céleste de l'obscur, la vastitude, l'omniprésence, la lourde opacité de ce noir qui couvre presque tout le ciel. Il pèse comme un voile, une muraille d'ombre encerclant notre terre, un cercle ténébreux au travers duquel transparaissent par endroits, par des lézardes, des failles, des béances, les feux brillants d'un autre monde. Un couvercle gigantesque et noir obture notre univers et nous enserre de son opacité.

Muraille obscure, couvercle noir, cercle d'ombre. Et au-delà, en un deuxième cercle, le feu des planètes, des étoiles, de toutes les sphères du ciel. Ce monde-là, l'œil le saisit encore par ces points lumineux découpés en forme de constellations dans la texture de l'ombre, dentelles étincelantes ajourant le tissu de la nuit cosmique. Pourquoi l'être — dieu ou démiurge — qui perfora ainsi le voile de notre ciel a-t-il tracé ces pointillés énigmatiques évoquant les formes familières de notre monde ? Parce que, sans nul doute, ils sont le signe de quelque chose, le dessin de quelque dessein, des messages ou des symboles disséminés sur la voûte céleste. Ainsi une secte gnostique, les Pérates (nom obscur qui signifie les Franchisseurs), découvre dans la constellation du Serpent ou du Dragon le sens même de la genèse du cosmos. C'est une constellation curieuse, une des plus vastes du ciel boréal et pourtant une de celles auxquelles on prête le moins attention. Elle déploie ses sinuosités entre la Grande et la Petite Ourse, la queue perdue vers les Gémeaux, sa tête triangulaire pointée vers le pôle céleste. Elle n'a pas dans son tracé la précision géométrique de l'Ourse, l'élégance du Cygne, la rigueur du Scorpion. Mais ainsi lovée autour du pôle boréal, comme si elle tétait le nombril du ciel, on comprend qu'elle se soit vite chargée d'un symbole majeur.

Les Pérates, qui voyaient justement dans le Serpent le premier gnostique du monde, celui qui détenait la connaissance primordiale et avait tenté de la communiquer au premier homme dans l'Éden, retrouvèrent dans cette constellation l'image du Serpent primordial et son implication quant au destin humain : « Si quelqu'un possède des yeux qui savent voir, il verra en levant son regard vers le haut la belle image du Serpent enroulé au grand commencement du ciel. Alors, il comprendra qu'aucun être ni au ciel ni sur terre ni aux enfers ne s'est formé sans le Serpent. »

Ainsi ces figures racontent-elles l'histoire première du monde et sont autant de signes qu'il convient de déchiffrer puisque tous ont leur pendant terrestre. Là-haut, le grand Serpent lové aux racines du ciel. Sur terre, le serpent de l'Éden, lové aux racines de l'arbre de Connaissance. Le ciel — comme les mythes bibliques que les gnostiques interprétaient souvent à la façon des mythologues modernes, cherchant à y lire le sens caché (on dirait aujourd'hui inconscient) qui court à travers les images, les symboles et les analogies — le ciel est la première source de connaissance.

Si l'on voulait donner à la cosmologie gnostique un langage contemporain, on pourrait dire que le premier cercle représente le système proprement solaire et le second, le système galactique auquel nous appartenons. Mais au-delà du second cercle, les gnostiques en ont imaginé d'autres — dont le nombre varie — jusqu'au cercle ultime qui constitue la source et la racine de la totalité de l'univers. Ces mondes intermédiaires, ces cercles échelonnés jusqu'à l'extrême du monde sont pour nous totalement invisibles. C'est par intuition ou plutôt par révélation, par gnose, que le gnostique connaît leur existence. Car de toute évidence il s'agit de leur part d'une pure construction mentale, assez singulière et reposant, comme les systèmes des physiciens de l'école ionienne en Grèce, sur une vision *a priori* de l'univers.

Ces autres mondes, pressentis, devinés par la spéculation gnostique, on pourrait dire qu'ils représentent au fond ce que l'astronomie moderne appelle les nébuleuses, spirales et amas extra-galactiques. Ce monde d'au-delà du second cercle, d'au-delà des planètes et de la sphère des fixes, un gnostique comme Basilide l'appelle d'ailleurs le monde hyper-cosmique. En lui réside l'Être suprême, le Dieu-premier, détenteur de tous les devenirs, rétenteur de tous les germes, puissances et potentialités, feu purement intelligible où se trouve encore la semence de tout ce qui, par la suite, chuta dans les cercles inférieurs (supralunaires et sublunaires) et devint matière animée et inaminée, formes, incarnations, pierres, arbres et chair. On voit qu'entre tous ces mondes, les étapes qui les séparent sont celles de la pesanteur. De même que la semence de l'homme, germe infime, invisible, nanti d'un poids à peine mesurable, acquiert en se développant grandeur et pesanteur, de même les semences primordiales, les potentialités du monde hypercosmique, en chutant dans le monde inférieur, acquièrent une pesanteur, une matière de plus en plus compacte.

Il semble donc exister pour les gnostiques plusieurs états de la matière : un état igné, supérieur, qui est celui de l'hyper-monde, et des états successifs correspondant aux différents cercles, à mesure que les semences se matérialisent et se chargent d'obscurité, d'opacité, de pesanteur. Notre propre matière, celle de la terre, des végétaux et des êtres vivants est en quelque sorte la semence infiniment alourdie des particules éthérées de l'hyper-monde. Elles ont chuté peu à peu jusqu'à nous, à la suite d'un drame primordial qui est toute l'histoire de notre univers, à la façon des poussières, débris, particules qui, lentement, se déposent au fond des abîmes marins pour y former des sédiments. Tous les êtres vivants de notre monde sont, aux yeux des gnostiques, les sédiments d'un ciel perdu.

Et du fond de cette mer obscure, l'homme ne perçoit, de la surface lumineuse du monde supérieur, que des formes éphémères, des reflets fugitifs, des fantômes évanescents à l'image de ces poissons phosphorescents qui seuls illuminent l'obscurité millénaire des grands fonds. Et notre matière, parce qu'elle est pesante, parce qu'elle est obscure, la plus pesante, la plus obscure de toutes, est aussi la moins dynamique, la plus immobile, aussi figée et aussi lourde que des atomes réduits à leurs noyaux. Immobilité, froid glacial de la matière et de la chair privées du feu premier et qui s'acheminent inéluctablement vers ce zéro absolu qui est, dans le monde du froid, l'étape ultime de la mort matérielle.

Les implications de cette image du monde, scindé en plusieurs univers dont le dernier — le nôtre — est totalement séparé des autres par une barrière d'ombre compacte, sont évidemment radicales. La pesanteur, le froid et l'immobilité sont à la fois notre condition, notre destin et notre mort. S'abandonner à la pesanteur, l'accroître dans tous les sens du terme (par l'absorption de nourriture ou par la procréation, qui alourdit d'autant la terre par les naissances successives), c'est collaborer à ce destin maléfique, entériner la chute primordiale qui en est la cause, s'associer à l'œuvre de mort entreprise par celui ou par ceux qui ont provoqué cette scission tragique. C'est, en termes modernes, accroître les chances de ce qu'on appelle l'entropie. Il est curieux de voir que, d'une façon évidemment imparfaite et sommaire, les gnostiques ont entrevu que le destin du monde matériel tendait vers l'inertie. La tâche du gnostique sera donc de remonter la pente fatale, au sens propre et au sens figuré, de tenter de franchir le mur séparateur, de regagner, en perdant au fur et à mesure la pesanteur aliénante de son corps et de sa psyché, le monde supérieur d'où jamais nous n'aurions dû chuter. Supprimer ou alléger toute la matière de ce monde, tel est le but étrange que poursuivirent les gnostiques.

Quant aux raisons de cette scission première, de cette séparation radicale entre les mondes qui nous condamne à vivre dans le cercle le plus obscur, de cette chute enfin qui fit de l'homme le prisonnier d'une matière aliénante, je n'en dirai que peu de chose pour l'instant. Si ce n'est qu'à un certain moment, à l'aurore du temps, à l'aube des semences, dans la virginité des possibles, un des habitants de l'hyper-monde, dieu, démiurge, ange ou éon (terme qui revient souvent dans la cosmologie gnostique et qui signifie un *éternel*, entité vivante et personnalisée), un de ces êtres a perverti l'équilibre des virtualités, par erreur, par orgueil ou par inconséquence, est intervenu dans son déroulement et provoqua des perturbations, vibrations et fibrillations de la matière ignée qui entraînèrent sa descente progressive et sa dégradation vers les cercles inférieurs. Le monde où nous vivons est non seulement un monde opaque, alourdi, et promis à la mort, mais surtout un monde dû à une monumentale machination, un monde non prévu, non voulu, truqué de part en part, où chaque chose et chaque être est le résultat d'un malentendu cosmique. Dans ce tourbillon d'erreurs, cette chute et ce naufrage universels que sont l'histoire de la matière et celle de l'homme, nous sommes un peu sur terre comme des rescapés promis à la solitude éternelle, des détenus planétaires victimes d'une injustice à l'échelle du cosmos tout entier. Étoiles, éther, éons, planètes, terre, vie, chair, matière inanimée, psyché, tout est impliqué, entraîné dans ce scandale universel.

Par chance, les béances, les déchirures qui brillent dans le mur céleste de notre prison montrent qu'une voie possible existe pour la fuir. Dans la nuit stellaire, le gnostique sait que tout contact n'est pas irrémédiablement perdu avec les cercles supérieurs. Et que peut-être il peut vaincre, briser l'antique malédiction qui a truqué le jeu du monde pour nous rejeter, loin des scintillements et des embrasements de l'hyper-monde, dans le cercle enténébré où nous vivons, le « cercle du feu obscur ».

LE FEU OBSCUR

L'injustice gouverne l'univers. Tout ce qui s'y construit, tout ce qui s'y défait porte l'empreinte d'une fragilité immonde comme si la matière était le fruit d'un scandale au sein du néant.

E. Cioran,
Précis de décomposition.

Connaître notre condition réelle, savoir sous quelle masse fantastique d'obscurité, de mers, de cercles successifs nous sommes condamnés à vivre, en quels antres sous-marins nous végétons, atrophiés et infirmes, comme ces protées, ces vers aveugles vivant dans les eaux souterraines, nus et blancs ou plutôt albinos, car le blanc est encore une couleur, savoir cela est la première étape de la pensée gnostique.

Ce regard incisif que les gnostiques ont porté vers le ciel, ils l'ont tourné également vers notre terre. La terre d'Égypte, brûlée du feu solaire, faite de déserts et de montagnes arides ou, à l'entour du Nil, de marécages limoneux, domaine d'une vie grouillante dans les herbes folles, a peut-être suscité les images qu'ils se sont faites de notre planète. Car cette terre est pétrie de contrastes violents, de luttes implacables entre la lumière aveuglante des jours et l'ombre glacée des nuits, comme si les éléments eux-mêmes ne pouvaient que se heurter, se défier dans les cycles du temps.

Je me souviens d'une promenade nocturne, au début de l'automne, aux environs d'Alexandrie. Les étoiles brillaient avec une netteté fantastique. De la terre montait une buée mouvante où se mêlait l'odeur ambrée des marécages. Ce ciel cristallin, si pur que nulle étoile n'y clignotait et ce sol brûlant d'où la vie semblait sourdre par effluves offraient deux visages inconciliables du réel : la rigueur minérale de l'infini céleste et la turbulence confuse où tremblait, avec la sueur de la terre, ce voile d'odeurs et de senteurs de la matière pourrissante.

Mais ce n'est véritablement ni le ciel, la terre, les odeurs, ni même, au-delà de ces données primaires, la confusion de l'histoire et le désordre des systèmes, au temps où les gnostiques vécurent, qui peuvent expliquer entièrement ce regard inquisiteur porté sur notre monde. On sent que leur vision de l'homme et de la terre fut dictée par un sentiment global à l'égard de la matière, fait de répulsion et aussi de fascination. Non qu'ils aient été incapables de ressentir la beauté du monde ou du ciel. Un jeune gnostique alexandrin, mort à dix-sept ans, Épiphane, a écrit sur la terre, le soleil, la justice et l'amour un des textes les plus prenants qu'il soit possible d'imaginer. Mais ce qui les hante avant tout, en présence de cette matière, de son opacité, de sa compacité, de sa densité, de sa pesanteur (et cette pesanteur, cette matérialité, ils la devinaient dans l'air lui-même, dans les états les plus subtils en apparence, le tremblement de l'eau, le vent du désert, le scintillement des étoiles), ce qui les hante c'est l'intolérable sentiment que cette matière inhibitrice résulte d'une erreur, d'une déviation des structures cosmiques, qu'elle n'est que l'imitation ou la caricature de la matière originelle de l'hyper-monde. L'alourdissement, l'engourdissement impartis à tout ce qui vit et existe — de l'air à la pierre, de l'insecte à l'homme — est une contrainte inadmissible, une insupportable malédiction. Et ses conséquences sont multiples. Car à la pesanteur de la matière elle-même, à la lourdeur des corps vivants s'adjoignent fatalement celles de l'esprit. Notre pensée est marquée des mêmes interdits que le corps, elle se heurte aux mêmes murs, s'alourdit elle aussi sous le poids des mêmes contingences. La plupart des gnostiques ont traduit cet engourdissement de l'esprit — inhérent à la matière qui nous compose — par une image simple et révélatrice : celle du sommeil. Le sommeil est à la conscience ce que la pesanteur est au corps : un état de mort, d'inertie, une pétrification du psychisme. Nous dormons. Nous passons notre vie à dormir. Et seuls ceux qui le savent peuvent, là encore, espérer briser ces murailles de l'inertie mentale, réveiller en eux l'étincelle qui réside malgré tout en nous, comme une déchirure dans la nuit corporelle.

Se réveiller, être éveillé, veiller, voilà les termes qui reviennent dans les textes gnostiques. Si Hermès est un des dieux favoris de leur panthéon, c'est qu'il est par excellence l'*Éveillé*, celui à qui Homère attribuait déjà le pouvoir « de réveiller, de sa baguette d'or, les yeux de ceux qui dorment ». Et comme, dans la mythologie ancienne, Hermès était aussi ce qu'on appelle pompeusement un psychopompe, c'est-à-dire un accompagnateur des âmes dans le royaume des morts (où il les guidait jusqu'au tribunal des trois juges infernaux), il passait pour celui qui garde, même au domaine des ombres, les yeux grands ouverts d'un vivant, et qui reste éveillé jusqu'au cœur de la mort. Qu'importent d'ailleurs les noms, les attributs de ceux que les gnostiques ont élevés au rang d'Initiateurs. Ce qui compte, c'est de lire, au-delà des méandres de la mythologie ou des systèmes théoriques, l'existence et la recherche d'une ascèse et d'un pouvoir précis : garder les yeux ouverts, refuser le sommeil, s'éveiller à la véritable conscience de soi-même.

Si le sommeil est ainsi tenu par les gnostiques pour l'état le plus néfaste de la vie, ce n'est pas seulement parce qu'il est une mort apparente, c'est qu'il implique aussi un retour vers l'immobile, un abandon à l'inertie tentaculaire du monde. Endymion, ce jeune et beau berger de la mythologie grecque que Séléné, la Lune, surprit une nuit en train de dormir et dont elle devint si éperdument amoureuse qu'elle supplia Zeus de ne jamais le réveiller — si bien qu'Endymion conserva son éternelle jeunesse mais au prix d'un sommeil éternel —, cet Endormi précoce, cet Embaumé vivant était pour les gnostiques l'image de notre condition et la preuve de la perversion évidente des dieux ou des faux dieux, responsables du monde. Contraindre un être jeune et beau à ne jamais revivre sans pour autant le tuer, n'est-ce pas le comble d'un sadisme que seul un dieu peut concevoir, parce que mentalement mieux agencé qu'un homme ? Voilà à quoi nous a contraints l'affeux démiurge, l'ignoble éon qui, aux origines des temps (qu'il dut d'ailleurs susciter avec la pesanteur, le temps étant pour le gnostique un état propre à la matière maudite), a perverti l'histoire du monde : à dormir toute notre vie sans même le savoir et sans être, comme Endymion, délivrés pour autant de la mort.

En d'autres termes, il semble pour le moins évident que notre monde, celui du feu obscur, est le domaine du mal. Ce terme, il ne faut pas l'entendre ici au sens moral mais au sens biologique. Le mal, c'est l'existence de la matière elle-même, en tant que création parodique, ordonnance truquée des semences premières ; c'est l'existence de ce sommeil de l'âme qui nous porte à prendre pour réel ce qui n'est que le monde illusoire des songes ; ce sont toutes les données — on dirait aujourd'hui toutes les structures — de notre univers quotidien. Il exsude le mal par chaque pore et notre être pensant est lié au mal aussi inéluctablement que notre être physique l'est au carbone de nos noyaux. A ce niveau, bien sûr, une sorte de vertige nous prend à inventorier, dans les horreurs du monde contingent, les ramifications de ce cancer tentaculaire. Nous baignons dans le mal comme au sein d'une mer polluée et aucun « détergent » de l'âme — si ce n'est justement celui que propose la gnose — n'est capable de nous en laver. D'où le caractère fondamentalement vicié de toutes les entreprises et institutions humaines : temps, histoire, pouvoirs, États, religions, races, nations, toutes ces notions, tous ces systèmes que l'homme a suscités, sont entachés de cette tare première.

Quoi qu'en aient dit beaucoup d'historiens de la gnose, je crois que certains gnostiques sont moins arrivés à ces conclusions plutôt décourageantes par esprit de système que par une observation raisonnable du monde naturel et du comportement humain. Le moindre fait les incitait à penser que des forces mauvaises se déchaînaient sans cesse sur nos têtes. Ainsi, le phénomène le plus simple, le plus inéluctable aussi, celui de la nutrition, aurait pu être pour les gnostiques un exemple typique de cet engrenage maléfique : car se nourrir, entretenir la vie, implique justement la mort d'autres espèces vivantes. Chaque naissance, chaque perpétuation de la vie accroît le champ de la mort. C'est un cercle sans fin, aussi vertigineux que le tourbillon des étoiles ou le cycle du temps.

Dans ce cercle sans fin, le simple fait de vivre, de respirer, de se nourrir, de dormir, de rêver, implique l'existence et l'accroissement du mal. Ce que les darwiniens appelleront plus tard la lutte pour la vie et la sélection naturelle fût apparu aux yeux des gnostiques comme une preuve flagrante du vice fondamental de l'univers. Mais ce vice natif, où les Hébreux et les Chrétiens voyaient l'empreinte du Péché originel et donc la responsabilité de l'homme seul, apparaît au contraire aux gnostiques comme un statut imposé à l'homme. Ce dernier n'est absolument pour rien dans la malédiction qui le frappe : le vrai responsable, c'est ce démiurge sadico-pervers qui a osé imaginer, jusque dans ses moindres détails, un monde aussi cruel.

Car enfin, si ce monde était l'œuvre d'un Dieu de bonté et de justice — et non celle d'un démiurge inexpert et foncièrement mauvais — il faudrait alors lui attribuer les pensées les plus fourbes, les songes les plus inavouables, les refoulements les moins extirpables. Comment un Dieu suprême aurait-il pu concevoir les incroyables enchaînements, mécanismes, destructions, massacres, anéantissements qui constituent l'exercice même de la vie ? Quel esprit retors a-t-il pu concevoir, pour la procréation de la mante religieuse, la décapitation du mâle et sa dévoration par la femelle ? Quel être au sadisme incommensurable a-t-il pu imaginer la piqûre paralysante de la guêpe ammophile dans la chair des chenilles, dévorées vivantes par les larves de l'insecte ailé ? Qui a osé façonner, à seule fin de brouiller les chemins de la copulation, l'affreux sexe — le cloaque — des tortues ? Quel démiurge paranoïaque eut-il l'idée de créer les bonellies, ces vers marins dont la femelle, cent fois plus petite que le mâle, vit dans l'œsophage de son partenaire, si l'on peut appeler partenaire le monstre qu'elle parasite sans même le savoir ? Qui a déterminé, prévu, assuré tous ces processus aberrants, ces voies détournées, ces bifurcations multiples de la vie ? Bien sûr, je m'exprime ici, volontairement, en termes contemporains. Les gnostiques ignoraient sans aucun doute les mœurs des ammophiles, des mantes et des bonellies. Mais le monde naturel de leur temps leur offrait d'autres exemples, moins subtils, mais tout aussi probants de l'avanie universelle. L'existence même du sexe ne pouvait être que l'invention d'un être lui-même névrosé et ce n'est pas un hasard si quelques psychanalystes ont retrouvé chez les gnostiques une attitude étonnamment proche de la leur quant au regard porté sur la création et la procréation.

Cet inventaire des ramifications du mal, du cancer planétaire qui ronge jusqu'à notre ciel, imprègne nos cellules, investit nos moindres pensées, nous aurons l'occasion de le reprendre en détail en compagnie des gnostiques eux-mêmes. Pour l'heure, il semble acquis que le cercle du feu obscur dont dépend notre terre est avant tout le domaine du mal, un mal subtil, moléculaire qui chute des étoiles comme la rosée des nuits, recouvre et oblitère jusqu'à nos façons de penser.

Comment dès lors, en ce monde rongé par cette rouille céleste, séparé du royaume des lumières par un véritable verrou cosmique, le gnostique ne se sentirait-il pas dans la même condition qu'un prisonnier déporté sur une planète maudite, un exilé, un étranger perdu au cœur d'un monde hostile ?

L'ÉTRANGER

Mais les grands anti-soleils noirs, puits de vérité dans la trame essentielle, dans le voile gris du ciel courbe, vont et viennent et s'aspirent l'un l'autre et les hommes les nomment ABSENCES.

René Daumal.

Quand on lit aujourd'hui dans les publications les plus engagées politiquement l'inventaire des formes d'exploitation et des aliénations humaines, un fait apparaît immédiatement : il s'agit d'un inventaire et d'une dénonciation indispensables des injustices subies par l'homme, mais toujours limités — car telle est l'idéologie, nouvelle mythologie de notre temps — à leurs seuls aspects sociaux et politiques. Comme si, à l'encontre de ce que nous montre partout plus d'un demi-siècle d'expérience socialiste, un changement limité au seul domaine politico-économique et aux rapports de production pouvait résoudre les problèmes réels qui sont les nôtres !

Ce qui paraît simple, évident, irréfutable, c'est qu'aujourd'hui comme au temps des gnostiques on voit bien que l'aliénation de l'homme est un problème global qui suppose en effet de supprimer d'abord ses causes économiques, sociales et politiques, mais qui précisément commence — et non finit — à partir du moment où ce premier stade est franchi. Si j'imagine dans la France d'aujourd'hui, un homme comme Basilide, Valentin ou Carpocrate (gnostiques dont nous reparlerons en détail), je le vois ou totalement dégagé de toute réflexion politique ou au contraire totalement impliqué dans la lutte révolutionnaire de notre temps (ces deux attitudes étant pour lui deux formes identiques d'une même ascèse), distribuant dans la rue des tracts signés *Le Prolétaire des étoiles*, mais dépassant cette lutte dans des limites à peine concevables aujourd'hui puisque pour lui un combat véritablement révolutionnaire ne saurait être que total et porter sur la nature même de notre présence en ce monde. Modifier les rapports de production, transformer la nature des échanges économiques et la circulation des biens, *sans lier ces changements à une ascèse opérée conjointement sur les structures mentales de l'homme*, n'aboutirait, à ses yeux, qu'à substituer un pouvoir à un autre, et donc une aliénation à une autre, plus redoutable encore parce que censée être abolie.

Les gnostiques n'ont pas été plus inconscients que d'autres et je suis persuadé qu'ils savaient fort bien ce que cette position pouvait avoir d'irritant pour un esprit sensible à la misère matérielle du monde. Mais, en dépit de leur attitude dégagée à l'égard du domaine social, ils furent les seuls, en définitive, à entrevoir aussi les implications politiques de leur position. Car au cours de ces siècles, que faisaient les Chrétiens ? Une fois reconnus et admis, une fois l'empire romain devenu lui aussi chrétien, ils s'empressèrent d'exercer le pouvoir dans des conditions répressives (martyrisant leurs anciens adversaires, eux les anciens martyrs) et donnant plus que jamais raison aux gnostiques qui voyaient dans tous les pouvoirs, quels qu'ils soient, une source d'aliénation. De plus, pour employer notre jargon contemporain, les Chrétiens « récupéraient » le ferment de révolte de la misère humaine en persuadant les pauvres et les exploités qu'ils deviendraient les premiers dans le ciel, si bien que dans la perspective de l'eschatologie chrétienne, ce dernier serait plutôt le champ d'azur d'un règlement de comptes à peine imaginable et dont l'Apocalypse ne donne qu'une faible idée.

Les Chrétiens, avec leur mythologie compensatrice et castratrice, ont totalement éludé les problèmes quotidiens de leur temps et aidé à perpétuer jusqu'à notre époque l'acceptation de toutes les injustices sociales et la soumission aux pouvoirs établis (et pour cause, puisque ce pouvoir, c'était le leur). Les gnostiques, eux, n'ont cessé de prôner l'insoumission à l'égard de tous les pouvoirs, chrétiens ou païens, parce que pour eux il n'y avait en fait aucune différence entre les deux. Le christianisme rejetait *sine die* — et ici l'expression a un sens savoureux parce que conforme aux espérances eschatologiques d'abolition du temps — la solution des problèmes immédiats. Les gnostiques furent au contraire les seuls à adopter une attitude logique, rebutante et radicale, c'est vrai, mais conforme à leur sentiment profond : celui d'être, en tant qu'hominiens pseudo-pensants, des créatures totalement aliénées jusque dans leurs cellules encéphaliques et condamnées à un asservissement définitif tant qu'ils n'auront pas d'abord pris conscience de l'étendue de leur inertie et de leur sommeil.

Donc, pour en finir avec ce problème et bien préciser la pensée des gnostiques ou du moins la façon dont je la perçois, toutes les institutions, toutes les lois, religions, églises, pouvoirs ne sont que des plaisanteries, des pièges et la perpétuation d'une duperie millénaire.

Résumons-nous : nous sommes des exploités à l'échelle cosmique, les prolétaires du bourreau-démiurge, des esclaves exilés dans un monde soumis viscéralement à la violence, les sédiments d'un ciel perdu, des étrangers sur notre propre terre.

Être étranger, au sens premier, c'est être pour les autres un être étrange. Je ne joue pas ici sur les mots car c'est l'étrangeté foncière de l'homme qui amena les gnostiques à réfléchir sur son origine et son statut terrestre. Ce terme exprimait à leurs yeux la disparité de nature entre l'homme virtuel de l'hyper-monde et la créature manquée, l'imitation d'homme que le démiurge se prit à façonner et à faire chuter dans le cercle du feu obscur. La condition d'étranger, par nature, est une condition fausse. On ne peut être étranger que par rapport à un non-étranger. Or dans les temps anciens, ce qui s'opposait, politiquement, civiquement, humainement à l'étranger, c'était l'autochtone. L'autochtone, c'est l'Athénien né à Athènes, l'Alexandrin né à Alexandrie, bref, le citoyen, mais c'était plus que cela : c'était l'homme né du sol lui-même, qui possède avec sa terre natale des liens biologiques insécables. Tout étranger est, en quelque sorte, l'autochtone d'un autre sol. La différence fondamentale qui sépare les gnostiques de leurs contemporains, c'est que, pour eux, leur « terre » natale n'est pas la terre, mais le ciel perdu dont ils ont conservé la mémoire : ils sont les autochtones d'un autre monde. D'où ce sentiment d'avoir chuté sur notre terre comme les habitants d'une planète lointaine, de s'être trompés de galaxie, et d'aspirer à rejoindre leur vraie patrie cosmique, l'hyper-monde lumineux qui scintille au-delà du grand verrou nocturne. Leur déracinement n'est pas géographique mais planétaire. Et les traiter — comme ils le furent — en étrangers au sens civique ou politique du terme ne pouvait être qu'un ridicule malentendu, comme de donner à un Martien ou à tout autre extra-terrestre une carte de résident temporaire. Pour eux, bien qu'ils fussent les seuls à le savoir, tous les autres hommes étaient dans la même condition et la communauté humaine tout entière était impliquée dans cet exil universel, cette dérive galactique qui nous a déposés sur la boue de la terre.

Les gnostiques devaient le ressentir d'autant plus fortement qu'ils constituaient eux-mêmes, au sein de leur époque, des communautés marginales, étrangères, au sens restreint du terme, au cœur d'une humanité d'étrangers. Le fait de se dire égyptien, grec, romain, syrien devait leur paraître absurde. Ce n'est d'ailleurs pas un hasard si les communautés gnostiques se sont développées dans les seules villes de l'époque qui possédaient un caractère cosmopolite : Alexandrie, Antioche et Rome. On n'imagine pas de gnostiques en Gaule ou en Germanie. Leur propre déracinement pouvait se nourrir librement dans ces villes où se mêlaient les ethnies les plus différentes et où s'opèrent, entre le Ier et le IVe siècle de notre ère, les transformations les plus essentielles du monde méditerranéen. Il y avait là un humus historique qui justifiait le sentiment gnostique de l'exil, de la condition d'étranger planétaire. « Je suis *au* monde mais je ne suis pas *du* monde » : formule gnostique la plus simple. Elle résume parfaitement ce sentiment d'être relégué dans les abysses du cosmos, sur une planète et dans une chair faites de molécules agglomérées en des combinaisons plus que douteuses, en des amalgames complexes, inextricables qui constituaient, en quelque sorte, le support matériel de notre réclusion spirituelle. Le démiurge sadico-pervers responsable de ce monde et de notre existence s'est ingénié, par ces incroyables combinaisons de molécules, ces agrégats indissolubles de matière, à nous rendre impossible ou très aléatoire toute évasion hors de la prison charnelle et planétaire.

Donc, le problème est simple et l'on commence, si l'on peut dire, à y voir un peu clair dans cette nuit cosmique : l'homme est un exilé à vie sur une planète qui est une prison des peuples, dans un corps qui est une prison des âmes, l'autochtone d'un monde invisible et perdu.

Ces images ou ces définitions donnent l'impression d'être de continuelles répétitions. Dans les textes où ils décrivent la condition de l'homme, les gnostiques se répètent sans cesse comme si, là encore, ils se heurtaient à la prison des mots. Les termes par lesquels ils désignent le monde d'ici-bas se résument à quelques formules qui reviennent à tout instant : « forteresse hermétiquement close » ; « prison », « cloaque », « bourbier », « désert ». De même pour le corps humain : il est un « tombeau », un « vêtement grossier », une « chaîne », un « intrus », une « mer asphyxiante », un « vampire ». C'est que l'histoire de l'homme reproduit à peu de chose près le drame et la farce initiales du cosmos. L'homme est, comme l'univers, une création manquée, une imitation lamentable, une semblance d'homme, un faux homme ou, en terme anthropologique, un pseudanthrope. En lui, la contre-façon est plus visible que pour l'univers car le corps de l'homme est mieux connu — et plus accessible — que le feu des étoiles lointaines. Résumons donc aussi simplement que possible pour quelle raison précise nous sommes ce que nous sommes, c'est-à-dire des intrus dans un corps qui ne nous convient pas.

Aux origines, dans le monde des possibles et des virtualités, dans l'encéphale intelligible du vrai Dieu de l'ultime cercle, prit naissance une image de l'homme, un homme potentiel, matrice mentale de celui qu'un jour le vrai Dieu eût peut-être rendu réel. Cette image, les démiurges, archontes ou anges des cercles inférieurs la perçurent. Comment ? Pourquoi ? Mystère. Mais ils la perçurent et furent comme éblouis par la lumière, la force, la beauté, la cohérence qui émanaient de cet Anthropos mentalement conçu. Ils décidèrent alors de l'imiter et de le reproduire.

Un gnostique qui enseignait à Antioche au temps du règne d'Hadrien, Saturnin, semble avoir eu quelque lumière sur cet instant crucial de la préhistoire céleste de notre race. Il nous rapporte que les anges-démiurges, devant cette vision fascinante, s'écrièrent aussitôt : « Faisons un homme à la semblance de cette image. » Ils se mirent au travail, prirent de la glaise et façonnèrent un homme. Mais peut-on appeler homme la créature lamentable qui se mit à vivre sous leurs mains, cet être nu, d'apparence hominienne mais incapable de se dresser sur ses jambes atrophiées et qui « gisait sur le sol en se tortillant comme un ver » ? Car tel fut notre ancêtre. A vrai dire, cette image a sans doute perdu aujourd'hui le caractère scandaleux qu'elle dut avoir, jadis, pour les non-gnostiques, imbus de la sérénité des images bibliques. Car ainsi présenté, se débattant maladroitement dans la boue matricielle, « dans les eaux noires », cet homme ou ce pré-homme avait tout d'un quelconque amphibien. Quiconque a jamais regardé les reconstitutions des premiers amphibiens qui quittèrent le domaine des eaux pour gagner la terre ferme, quiconque a jamais regardé un Ichtyostéga, un Seymouria ou un Ophiacodon, ces créatures du Secondaire qui annoncent déjà les reptiles terrestres, trouvera qu'après tout ce pré-homme devait leur ressembler. La bouche encore engluée dans la gangue argileuse, les membres ébauchés mais incapables de soutenir le corps, émettant des vagissements déconcertants, il n'avait qu'un rapport lointain avec l'image lumineuse et numineuse qui l'avait suscité. Mais le vrai Dieu, en voyant cette erreur, cette horreur, ramper sur le sol terrestre et risquer de peupler la terre, eut pitié de la maladresse des anges. En ce ver vagissant, il insuffla l'étincelle de vie qui lui permit d'emblée de se dresser et de parler. L'*homo bipedus* et *loquens* était né. Ainsi s'explique notre double nature : nous sommes un peu comme un ver rectifié, un ex-amphibien corrigé par l'indulgence du vrai Dieu et doté d'une étincelle, d'un fragment lumineux de la Puissance suprême.

A ce stade de l'anthropologie gnostique, la morale qui s'ensuit coule pour ainsi dire de source. Ce qui nous appesantit, nous alourdit et nous endort, c'est cette gangue cloacale, cette matière borborienne d'où nous fûmes tirés, et surtout ce vice de forme de nos structures qui nous rendent incapables d'assumer la mission prévue — odieusement détournée par l'entremise d'apprentis-sorciers. Seule l'étincelle de vie qui réside en ce corps pourrissant peut, si on l'alimente, l'attise, l'embrase par une ascèse appropriée, alléger le carcan pesant de notre corps.

Mais il ne semble pas qu'on ait jamais tiré toutes les conséquences logiques du simple fait d'avoir été façonné avec de l'argile. Car l'argile est, par nature, imperméable à l'eau, voire à l'air, et la psyché humaine — qui procède de l'argile au même titre que le corps mais d'un grain plus fin, dirions-nous, — est elle aussi imperméable ou très peu perméable à la lumière d'en haut. Comme ces filtres de porcelaine qu'on utilise pour le filtrage des virus, notre psyché, dans le meilleur des cas, tamise certaines parcelles de la matière lumineuse du haut-ciel et il faut à l'homme beaucoup d'attention, de veilles, de techniques ascétiques pour recueillir cette lumière primordiale et l'isoler des boues stellaires. Risquons donc, à partir de ces extrapolations (qui évidemment ne figurent jamais sous cette forme dans les textes gnostiques), une définition plus précise de l'homme : ver rectifié, nanti d'une étincelle divine qui en fit un bipède *sapiens* et *loquens*, et d'une psyché, filtre ténu tamisant les splendeurs du haut-ciel. Ces splendeurs, le but de l'homme est de les recueillir, de les augmenter, de les concentrer en lui et d'acquérir ainsi une sorte d'anti-pesanteur pour vaincre l'inertie du corps et rejoindre le firmament salvateur que la muraille d'ombre dérobe à notre vue.

Et ce, en luttant justement contre l'inertie du corps et le sommeil de l'âme, en pratiquant des techniques de réveil — réveil physique, réveil mental — une sorte de « long, immense et raisonné dérèglement de tous les sens », qui permettent de vaincre l'ordre matériel et spirituel de ce monde, bref en menant une contre-vie.

CONTRE-BLASON D'UN CORPS

Je viens dans ton sein accomplir le rite
Le rythmique retour au pays d'avant-naître
Le signe animal de l'extase ancienne
Je viens dans ton sein déposer l'offrande
Du baume et du venin
Aveugle anéanti dans les caves de l'être...
Roger-Gilbert Lecomte,
Sacre et massacre de l'amour.

Cinq doigts. Quatre membres. Deux yeux. Un cerveau. Un nom aussi : *homo bipedus, sapiens, loquens.* Il est facile de décrire l'homme avec la distance mentale d'un habitant de Sirius. Mais les gnostiques, précisément, avaient le sentiment de venir de Sirius ou plutôt d'un monde plus éloigné, plus difficile, plus étrange encore, un monde d'ultra-Sirius. Ainsi s'explique peut-être le regard étranger — et surtout — peu amène — méprisant — qu'ils ont porté d'abord sur notre apparence hominienne, notre conformation anthropoïde, notre condition de fœtus jeté avant terme dans les déserts du monde et qui ne cesse, depuis, de répéter le même cri de souffrance marquant sa venue sur terre.

Indiscutablement, les gnostiques eussent été fascinés par les découvertes de Freud et des freudiens car toute leur cosmologie et leur anthropologie porte l'empreinte de ce traumatisme cosmique que fut l'apparition *avant terme* de l'homme. L'erreur des anges qui nous valut d'être jetés au monde, l'initiative intempestive et maladroite de ceux qui voulurent reproduire le modèle, l'archétype lumineux jailli de l'intellect du vrai Dieu, revinrent au fond à pratiquer, sur une matière encore vierge, en pure gestation, un véritable avortement. Ce qu'ils créèrent, ce ne fut pas un homme mais un fœtus encore inapte à vivre, un ver informe dont on se demande d'ailleurs pourquoi le vrai Dieu eut l'idée de le maintenir en vie. Sous la complexité, les méandres des mythes gnostiques, se cache cette évidente vérité : nous sommes tous des prématurés.

Je crois que toute l'attitude ultérieure des gnostiques envers l'homme, la société, la race humaine et les mécanismes cosmiques, se fonde sur cette image, cette vision première de l'origine de l'homme, à jamais marqué par sa condition d'immature. Nous sommes des chrysalides prématurément arrachées à leur cocon protecteur. D'ailleurs, le terme même de gnose — *gnosis* — est très proche en grec de *génésis*, qui veut dire naissance et genèse. La gnose est par essence une genèse, elle *redonne à l'homme sa véritable naissance*, *supprime son immaturité génétique et mentale*.

A l'histoire de la création de l'homme, telle que nous l'avons résumée plus haut, il faut en ajouter une autre, empruntée à la secte des valentiniens, qui continuèrent en Égypte l'enseignement du gnostique Valentin. Elle montre à quel point, malgré de grandes différences dans leurs variantes, les mythes gnostiques trahissent la hantise de cet instant premier.

La cosmologie des valentiniens reprend les schémas déjà présentés, mais elle y ajoute maints détails révélateurs. Au sommet ou, si l'on veut, au centre intelligible de l'univers, le Dieu bon, le Dieu étranger. En dessous, ou autour de lui, trente cercles s'étagent jusqu'à notre monde terrestre, gardés chacun par un Éon. Cet ensemble, pour Valentin, constitue le Plérôme, c'est-à-dire le monde de la Plénitude, réservoir des Essences. L'Éon du trentième cercle avait nom Sophia — la Sagesse. Or Sophia voulut un jour contempler la splendeur du Plérôme. Mal lui en prit. Une fois franchi le dernier cercle, elle fut éblouie, prise de vertige et chuta jusqu'à notre monde.

Ce mythe n'est pas entièrement d'origine gnostique. Les Grecs, avec celui de Sémélé, avaient déjà traduit ce sentiment que l'homme n'est ni prêt ni capable de supporter la vision de la plénitude. Sémélé, amante de Zeus, qui venait la visiter la nuit, incognito, lui demanda un jour de se laisser voir et d'apparaître dans toute sa splendeur. Zeus la mit en garde mais Sémélé n'en voulut pas démordre : la malheureuse voulait voir à tout prix le « vrai » visage de son amant. Zeus se manifesta donc dans sa lumière, son irradiance divine et Sémélé, foudroyée, chuta jusqu'à la terre. Comme elle était enceinte, Zeus lui ouvrit le ventre, y prit le fœtus et l'introduisit dans sa cuisse où il incuba jusqu'à son terme : c'est ainsi que naquit Dionysos, enfant de la Foudre et d'une femme trop curieuse.

Tout comme pour Sémélé, la brève intrusion de Sophia au milieu des splendeurs du Plérôme ne resta pas sans lendemain. Elle fut enceinte de la Plénitude, du Numineux et accoucha d'une créature. Je dis créature car cet être — né de la vision d'un monde interdit — avait tout d'un monstre inhumain, si inhumain que sa mère n'osa même plus le regarder ni le toucher.

C'est de ce monstre que naquit l'homme, à la suite d'interventions, de corrections, d'additions ou de retouches auxquelles participèrent les Éons du Plérôme. Bref, là encore, et d'une façon plus nette et plus poignante que dans les autres mythes, les gnostiques ont décrit l'horreur originelle du premier homme. Quelque chose, heureusement, subsista en lui de la brève contemplation de la splendeur d'en haut qui mit en branle sa naissance, un reflet de l'Invisible, ce qu'un texte gnostique appelle « quelque chose comme une couleur, une touche de lumière » qui déposa sur le fond obscur de notre psyché une émulsion de lumière divine.

Ces mythes fascinants et cauchemardesques tentent donc d'expliquer à la fois notre venue au monde et la nature de nos limites, de nos imperfections. L'une ne va pas sans l'autre. C'est justement à cette naissance prématurée ou parthénogénétique, cette conception contre nature, que nous devons d'être nantis d'un corps pesant, opaque, d'une psyché sommeillante mais aussi d'une étincelle de lumière divine. Et les conséquences de cette dualité, de cette correction apportée au dernier moment sur une matière vivante avortée, ces conséquences sont visibles dans le corps lui-même. Tout en lui le destine à être un obstacle à l'expansion de la lumière, une prison où les désirs de la psyché se heurtent aux limites de l'être, un tombeau où chaque jour nous célébrons nos propres funérailles. D'ailleurs, comme pour *gnosis* et *génésis*, les gnostiques se servaient, à propos de l'image du corps/tombeau, de la presque homonymie *sôma* (le corps) et *sêma* (le tombeau). Ce ne sont pas seulement ses formes, ses structures anatomiques, ses organes des sens — ces oreilles, ces yeux, ces papilles qui ne perçoivent qu'un infime fragment des ondes, des rayons, des saveurs du cosmos —, ce n'est pas seulement notre système osseux, nerveux, sanguin qui nous conditionne injustement, parce qu'il limite notre champ perceptif, c'est toute notre physiologie, l'exercice même des fonctions vitales organiques et psychiques, qui oblitèrent notre vie.

Prenons de nouveau l'exemple de la nutrition, la première des contraintes imposées à l'homme. Nous savons qu'elle étend indéfiniment le champ de la mort. Si l'homme n'était pas contraint de se nourrir en détruisant les autres espèces, s'il pouvait, à la façon des végétaux, entretenir sa vie par des échanges purement chimiques — et non dévorateurs — avec le monde environnant, par un cycle ininterrompu d'absorptions et de restitutions, de métamorphoses et non de destructions, qui sait si toute l'histoire humaine n'en eût pas été modifiée ? Les guerres, par exemple, deviendraient inutiles ou tout au moins fort accessoires. Cette idée en apparence absurde, aucun gnostique ne semble l'avoir eue ou du moins ne l'a clairement exprimée mais je suis sûr qu'elle traduit exactement leur interrogation. L'ordre du mal, qui est l'ordre inhérent à ce monde, s'affirme par la constante nécessité des dévorations et des destructions, nécessité si générale, si planétaire qu'elle met sur un plan identique l'existence de la guerre et celle de la nutrition. Les guerres ne sont, dans cette perspective, qu'une façon inéluctable pour les communautés de se combattre pour se nourrir de l'adversaire.

La nutrition a une autre conséquence naturelle : la défécation, aboutissement logique de la pourriture corporelle. La défécation est un mal naturel du corps pesant, opaque, le symbole le plus net de notre enlisement dans la boue originelle. D'où cette idée curieuse — mais parfaitement logique — que les corps de ceux qui purent atteindre un état supérieur de conscience, traductible par un allégement de leur matière, devaient être libérés de ces servitudes scandaleuses. Le gnostique Valentin affirme donc tout naturellement que Jésus « mangeait et buvait mais ne déféquait pas. La puissance de sa continence était telle que les aliments ne se corrompaient pas en lui, puisqu'il n'y avait en lui aucune corruption ».

Ainsi, notre portrait organique est simple : ce fœtus

parlant, ce ver rectifié que nous sommes ne survit qu'en détruisant la vie autour de lui (comme un ver grignotant le bois pourri des poutres) et en rejetant par l'anus les produits corrompus de ce massacre corrupteur. Il absorbe l'immondice par un bout et la rejette, accrue, par l'autre.

Quelle voie existe-t-il, alors, pour rompre ce cycle lombriforme, s'arracher à cette mentalité d'amphibiens diplômés, détruire l'immonde miroir qui nous renvoie notre éternel reflet et nous cache les vraies splendeurs de l'hyper-monde ? Il est possible — et la plupart des gnostiques l'ont fait — de refuser le jeu truqué du monde en s'abstenant de procréer, d'ajouter entre le néant et la mort l'absurde parenthèse de la vie. Il est plus difficile de ne pas se nourrir. Toute ascèse, aussi sévère soit-elle, implique un minimum de nourriture. Les plus grands saints déféquaient comme tout un chacun. On pourrait alors penser à une solution plus simple et plus radicale : le suicide. Mais cette solution est la plus contraire qui soit à l'attitude gnostique. Aucun d'entre eux, à aucun moment, n'a prôné le suicide. Le but du gnostique n'est pas l'extinction conjuguée de la vie et de la conscience, mais le dépassement de l'une et de l'autre, l'obtention d'une hyper-vie, d'une hyper-conscience. Car il existe, en l'homme même, une preuve que tout n'est pas perdu et qu'il possède en son propre corps un témoignage de son origine partiellement divine. Comme les constellations, ces déchirures du tissu cosmique, prouvent l'existence d'un autre monde, il existe dans le tissu de nos cellules une déchirure par où l'on voit briller l'étincelle de vie. Et cette déchirure, c'est la pupille de l'œil.

L'œil. Comme la bouche, comme l'anus, comme le nombril, ces trois béances du corps qui font de l'homme un lieu d'échanges entre le monde extérieur et le monde interne de son corps — le lieu de l'absorption, celui du rejet, celui de la genèse —, l'œil est aussi une béance. Mais elle est la seule de tout le corps à n'avoir avec le monde extérieur que des échanges qui échappent à la corruption, et qui échappent aussi à la loi d'entropie. Elle est la seule qui vive de lumière quand le reste du corps ne survit que de boue.

Regardons un œil. Il est rond, globuleux, comme l'univers tel que se le représentaient les gnostiques. Dans cette orbe s'étagent les trois cercles du globe proprement dit, de l'iris et de la pupille. Cercle extérieur — celui du blanc — où se ramifient, comme des nébuleuses filamenteuses, les artérioles et les veinules. Cercle intermédiaire de l'iris, ponctué de pigments torsadés, porteurs de configurations, de taches, de dessins. Enfin, le cercle central de la pupille, gouffre d'ombre où l'on peut entrevoir les profondeurs de l'âme et le reflet de cette émulsion lumineuse, trace matricielle de la lumière divine. Ainsi l'œil reproduit très naturellement le dessin de l'univers : cercle sublunaire de la pupille, cercle médian du monde galactique, cercle extérieur du monde extra-galactique. Regarder l'œil humain, c'est saisir le dessin de l'univers tout entier. Le contempler, se perdre en ce puits d'ombre comme au cœur des grands fonds marins parcourus de frémissements phosphorescents, c'est saisir la nature ultime de notre existence en ce monde, le point magique où l'homme et le dieu se rencontrent et s'unissent.

Ici encore, je ne fais qu'extrapoler les sentiments ou plutôt les pressentiments des gnostiques. Mais cette méditation qui les porta tour à tour à regarder les étoiles et à sonder le mystère de l'œil, cette question adressée aux astres des cieux et à celui des yeux, leur fit pressentir l'unité fondamentale du fini humain et de l'infini divin. L'un et l'autre sont faits de la même matière et porteurs d'une même étincelle. Là — et là seulement — se trouvent la voie, le signe, le message qui permettent d'envisager pour l'homme l'espoir d'une libération. Ainsi, cette interrogation, commencée dans les immensités nocturnes et l'infini de l'hypermonde, nous ramène naturellement vers l'infiniment petit de la pupille humaine, à l'homme lui-même, ombre et lumière, boue et flamme, microcosme déchiré entre des entités contraires, écran retenant, sous forme d'étincelle, le fragile souvenir de sa naissance manquée.

Histoire, hommes, sectes

Je vivais dans ce monde de ténèbres depuis des myriades d'années et nul ne sut jamais que j'étais là.

Hymne gnostique.

Pour moi, c'est la douleur perpétuelle et l'ombre et la nuit de l'âme et je n'ai pas une voix pour crier.

A. Artaud,
Fragments d'un Journal d'Enfer.

LES ROUTES DE SAMARIE

Toi et Moi ne sommes qu'un.
Simon le Mage

Au cours des deux premiers siècles de notre ère, la réflexion gnostique s'est exprimée par l'entremise d'une multitude de sectes, de communautés, de penseurs et à peine née, s'émiette déjà tout au long des chemins de l'Orient. Géographiquement parlant, la gnose primitive se développe sur les mêmes lieux que le christianisme naissant et les religions judaïques : Palestine, Syrie, Samarie, Égypte et Anatolie. C'est là, dans ce creuset de tous les messianismes, sur ces terres d'apocalypses et de révélations, nourricières de communautés mystiques et secrètes comme celle des Esséniens, qu'apparurent les premiers penseurs de la gnose. S'il est difficile aujourd'hui de leur donner, à défaut d'un nom, un visage précis, c'est que leur histoire fut elle-même entachée de cette opacité et de cette injustice qu'ils dénonçaient comme inhérentes à la matière de ce monde. On connaît surtout les gnostiques et leur enseignement par les Pères de l'Église qui ne s'intéressèrent à eux que pour les accabler de leurs sarcasmes et les condamner comme hérétiques.

De la pensée ou des pensées gnostiques, des prodigieux systèmes édifiés par quelques hommes épris de vérité, il ne demeure donc que des bribes. Que saurait-on aujourd'hui d'authentique, d'objectif sur les théories politiques de Trotski, de Makhno, de Rosa Luxemburg si les seuls extraits subsistant se résumaient à quelques citations plus ou moins complètes de l'histoire officielle du Parti communiste de l'U.R.S.S., incluses dans un chapitre intitulé : *sur les renégats et traîtres déviationnistes ?* Il en est pratiquement de même pour les gnostiques, à l'exception de très rares textes découverts au siècle dernier et d'un ensemble plus récent, mis au jour après la dernière guerre dans des grottes de haute Égypte [1]. Même si les citations de certains Pères de l'Église semblent honnêtes et traduire un réel souci de comprendre la gnose, le fait demeure : ces citations ont été choisies pour dénoncer cet enseignement et elles ne peuvent être que partielles et partiales.

A cela — qui est de bonne guerre — il faut ajouter un autre fait tout aussi important : l'incompatibilité, l'abîme même qui sépare la pensée et la sensibilité gnostiques de celles du christianisme naissant. En dépit des emprunts que certains gnostiques ont pu faire aux Évangiles, malgré quelques « relents » de christianisme

1. Voir à la fin de ce volume L'*Orientation bibliographique* sur les sources textuelles de la gnose.

décelables chez certains d'entre eux, ils se réclament d'un enseignement, d'une culture foncièrement différents. Ce n'est plus là un problème d'orthodoxie ni de déviation à l'égard du dogme, mais un simple problème de compréhension ou d'incompréhension. Les auteurs chrétiens ont tous le sentiment justifié que les gnostiques ne sont pas leurs « frères », qu'ils sont les adeptes d'une autre religion, et ce sentiment ne fera que grandir au cours des siècles. Si la philosophie d'un Basilide, d'un Valentin pouvait à la rigueur passer pour assez proche de celle du christianisme, celle que leurs descendants tardifs, les Cathares, introduiront dans le Sud de la France, dix siècles plus tard, n'aura plus rien de commun avec l'orthodoxie catholique.

En ses origines pourtant, en ces premiers siècles où le christianisme lui-même luttait pour sa propre survie et essayait ses propres voies, la gnose pouvait encore faire illusion. Elle le pouvait à deux titres essentiels : par son contenu qui empruntait nombre d'éléments à l'enseignement des apôtres et aux textes des Évangiles, par ses formes car elle fut, en ses débuts, prêchée par des hommes qui, à l'instar des apôtres, parcouraient eux aussi les routes de Samarie, de Palestine, de Syrie, d'Anatolie et qui, en maints endroits, se heurtèrent directement aux disciples de Jésus.

Le plus ancien de ces prophètes errants, de ces vagabonds gnostiques est resté dans l'histoire sous le nom de Simon le Mage. N'ayant nullement l'intention dans ce livre de me livrer à des études d'exégèse sur les sources textuelles de la gnose, je ferai grâce au lecteur des documents détaillés sur lesquels s'appuient les historiens pour définir ou contester l'image qu'ils donnent de ce personnage singulier. D'ailleurs, pour certains de ces historiens, inclure Simon le Mage parmi les prédicants gnostiques est déjà contestable : pour eux, Simon n'était pas un gnostique.

En écrivant cette phrase, ou plutôt en la reproduisant, je me demande vraiment ce qu'elle signifie. Comme on peut fournir de la gnose une dizaine de définitions différentes, il faudrait, pour admettre cette phrase, s'en tenir à une définition unique et exclure tous ceux dont l'enseignement s'en écarta. Méthode absurde qui convient peut-être aux religions traditionnelles fondées sur un dogme défini, des textes canoniques et des interprétations orthodoxes mais qui, justement, ne peut s'appliquer à la gnose, puisque son but le moins contestable fut de briser les frontières arbitraires établies par les dogmes, de faire appel, pour se constituer, aux sources et aux enseignements les plus divers (manichéisme, judaïsme, néo-platonisme, christianisme, hermétisme) et de promouvoir une synthèse ouverte, des voies nouvelles de réflexion, un mode de pensée original, bref d'échapper précisément aux carcans des définitions dogmatiques.

Pour en revenir à Simon le Mage, originaire d'un bourg de Samarie nommé Gitta, deux traits caractérisent sa vie et son enseignement : il se promène sur les routes en compagnie d'une femme du nom d'Hélène, ancienne prostituée qu'il a trouvée dans un bouge de

Tyr et il affirme tour à tour qu'il est le Soleil et qu'Hélène est la Lune, qu'il est Zeus et qu'elle est Athéna, qu'il est la Puissance suprême et qu'elle est l'Ennoia, la Sagesse descendue des cieux, la Mère de l'univers.

Le Père et la Mère de l'univers se promènent donc sur les routes, prêchent, convertissent et, comme l'attestent les Actes des Apôtres, étonnent les foules par les miracles et les prodiges qu'ils opèrent. Précisons que cela se passe exactement dix-sept ans après la mort de Jésus. Le monde nouveau qui naît sur les rivages orientaux de l'empire romain est encore dans l'enfance. Tout est dit mais rien n'a pris forme. Tout au plus y a-t-il sur les routes de Palestine, de Samarie, d'Anatolie quelques dizaines d'hommes — anciens disciples de Jésus ou nouveaux convertis à ce qui n'est encore qu'un groupuscule parmi tant d'autres — prêchant une foi nouvelle, un dieu nouveau, un enseignement austère et radical. C'est le temps des prophètes, des messies, des dieux incarnés, des envoyés célestes. Jamais Dieu n'eut tant de Fils sur la planète qu'à cette époque. Et les auteurs païens décrivent avec étonnement et ironie cette multitude d'Envoyés descendus soudain sur la terre qui prêchent au long des routes en des termes identiques : « Je suis Dieu, ou je suis Fils de Dieu ou je suis la Puissance du Père ou du Fils. La fin des temps est proche. Je suis venu pour vous sauver. Ceux qui m'écouteront, me suivront auront l'éternité. Les autres périront ou brûleront dans le feu de l'enfer. »

Simon le Mage n'est qu'un prophète parmi d'autres, mais il attire les foules, on l'écoute, on le suit. On écoute et on suit aussi les apôtres, qui prêchent sur les mêmes places des mêmes villages. Mais ce que dit Simon se distingue radicalement de la prédication apostolique. Il apporte avec lui un message singulier dont j'ignore — car je n'ai pas vécu à cette époque — s'il le conçut lui-même, en s'inspirant seulement d'enseignements antérieurs ou s'il le tint tel quel d'un prédécesseur aujourd'hui oublié. Et ce message, il est reconnaissable entre tous car c'est déjà, cohérent, rationnel, subversif aussi, le message gnostique par excellence. Voici donc ce qu'enseigna Simon le Mage.

Lorsqu'on lit la Bible et surtout la Genèse, on y apprend que Yahvé, Jéhovah ou Élohim, bref que le Dieu des Juifs est l'auteur de ce monde. Or ce Dieu, à quoi passe-t-il son temps ? A s'acharner sur l'homme et sur l'espèce humaine. Il crée Adam puis Ève, les place dans le Paradis mais pour leur interdire aussitôt l'essentiel : la connaissance du Bien et du Mal. Après quoi, une fois le premier couple humain chassé du Paradis, il ne cesse de traquer leurs descendants, de multiplier les interdits, de menacer l'espèce humaine de ses foudres jusqu'au jour où, par le Déluge, il l'anéantira. Mais cela ne suffit pas encore et il répandra de nouveau le feu, le sang et les calamités sur la seconde humanité, descendante de Noé. C'est un Dieu justicier, un Tyran cosmique dont l'autoritarisme intransigeant indispose les anges eux-mêmes et qui n'intervient jamais sur la terre que pour contrecarrer l'évolution humaine.

En raisonnant ainsi, Simon ne met pas en doute ni en cause les raisons de ce comportement agressif, il ne conteste pas les erreurs ou les crimes des hommes, mais il constate simplement que cette image d'un Dieu vengeur, acharné contre l'espèce humaine, est incompatible avec celle d'un Dieu bon, ami de l'homme, créateur de la vie. Il en conclut donc — puisque ce monde et cette humanité, dont l'histoire s'inaugure dans le crime et le sang, sont l'œuvre évidente de Jéhovah — que ce dernier n'est pas le vrai Dieu mais un faux dieu ou simplement un démiurge, ce démiurge sadico-pervers que la Bible décrit d'ailleurs comme un être vindicatif, coléreux, jaloux, susceptible et méchant.

Il va de soi qu'un tel enseignement allait à l'encontre de toute la prédication apostolique, et de l'enseignement de Jésus. Ce refus inconditionnel de la Révélation devait paraître alors non seulement révolutionnaire mais scandaleux, impie, inadmissible. Mais Simon n'en continue pas moins de prêcher et de chercher, dans les textes bibliques eux-mêmes, les preuves évidentes de la subversion du monde par le Dieu de la Genèse. Sa cosmologie, telle qu'elle ressort des extraits cités par les Pères de l'Église, révèle un penseur soucieux de rationalité, soucieux aussi de trouver pour l'homme une voie libératrice. Car il lui semble impossible, injuste, intolérable que ce dernier fasse les frais de l'ambition de Jéhovah. Quelque chose en lui doit exister, qui lui permette de concevoir et de retrouver le vrai Dieu, le Dieu étranger à ce monde. Et c'est ainsi que Simon échafaude une doctrine séduisante pour rendre compte de la nature et du destin possibles de l'homme.

Celui-ci, à ses yeux, n'est vicié que dans ses fonctions. Ses formes hominiennes, ses structures mentales et organiques, son essence aussi, ne sont pas mauvaises en elles-mêmes. Car en dépit de l'intervention de Jéhovah, l'homme demeure une projection réduite de l'univers pensé par le vrai Dieu, et porte en lui l'empreinte du vrai monde. Simon en voit une preuve dans le récit de la Genèse qui relate la création de l'homme dans l'Éden. Le paradis, l'Éden, c'est la matrice d'où l'homme est né, le nombril de vie d'où prit naissance l'espèce humaine. Ce terme de nombril, il faut le prendre ici au sens propre. Car si l'homme est une réduction de l'univers, cela signifie que l'univers est un homme agrandi, un Anthropos géant. Tout ce qui se trouve dans le ciel a son double ou son reflet en l'homme ou sur la terre. L'Éden est la matrice vivante qui nourrit notre terre et irrigua l'argile dont l'homme fut tiré par ce Fleuve qui se divise en quatre fleuves primordiaux où Simon reconnaît les quatre artères — deux d'air et deux de sang — qui irriguent et alimentent les systèmes sanguin et respiratoire de l'homme. L'homme porte en son corps les fleuves de l'Éden comme il porte en sa psyché l'étincelle venue du vrai Dieu. Il contient, en réduction et en puissance, les forces vives, les semences créatrices qui sont aussi celles de l'univers et dont le principe premier, unificateur, est le feu.

Simon a beaucoup réfléchi sur le feu, sur ses formes multiples — ignées, incandescentes, tièdes, refroidies, il a le premier l'idée d'un feu froid sur laquelle reviendront plus tard tant d'alchimistes — et sa présence au sein du corps humain. Le feu divin existe en l'homme sous deux formes : une forme psychique qui est le désir — notamment le désir d'engendrer — et une forme physique qui est le sang. Le sang, comme le feu, est rouge et chaud, c'est un feu qui circule dans l'homme, un feu atténué bien sûr mais tiède et stable (la conception organiciste de l'univers simonien expliquerait fort bien la température et l'homéothermie des mammifères), qui se subdivise lui-même en deux feux complémentaires : la semence chez le mâle et le lait chez la femelle. Si l'homme possède le pouvoir d'engendrer, c'est parce qu'il porte en lui le feu psychique du désir et le feu physique du sang et de la semence.

Cette image de l'homme, brasier vivant où circule, refroidi, atténué, le feu divin, implique pour Simon un certain nombre de conséquences dont l'une me paraît remarquable car elle ouvrait alors une voie totalement différente de celle de la prédication évangélique. L'homme est nanti d'une parcelle de feu divin. Bien. C'est elle qui lui confère son statut particulier parmi tous les êtres vivants, ces privilèges que sont la raison, le langage et... la station debout. Mais ces privilèges, bien qu'innés, ne sont pas éternels. Ce sont plutôt des possibilités, des aptitudes dont il dépend de l'homme lui-même — et des conditions de sa vie — qu'elles se développent ou disparaissent.

Pour faire comprendre cette idée, Simon en propose un exemple révélateur. Notre psyché, dit-il, est en puissance capable de concevoir et de pratiquer le langage, la grammaire et la géométrie. Mais si ces aptitudes humaines ne sont pas développées — et nous ajouterions aujourd'hui : *développées à temps* — elles seront perdues à jamais et nul ne saura même que l'homme les portait en lui. On voit déjà ce qu'implique, au-delà du domaine proprement religieux, théologique, cette idée du *terrain* nécessaire aux développements des aptitudes. De tous les auditeurs de Simon qui possédaient à la naissance l'aptitude à la grammaire et à la géométrie, combien la réalisèrent effectivement au cours de leur vie ? Et le drame n'est-il pas plus crucial encore — en ces années où l'on croyait si proche la fin du monde — quand cet handicap s'appliquait aussi, pour l'homme, à ses chances d'immortalité ? Car précisément la psyché possède, comme pour le langage, la grammaire, la géométrie, une aptitude à l'immortalité. Et son sort, comme celui des autres aptitudes, est lié à l'attitude que l'homme adoptera à son égard. Autrement dit, *l'âme n'est pas immortelle par nature, elle peut seulement le devenir* si l'homme entretient, nourrit ce feu privilégié qu'il porte en lui. Sinon, inéluctablement, il retournera au néant.

Inutile de souligner combien cet enseignement contredisait celui qu'enseignaient déjà les apôtres. Pour eux, l'âme de l'homme est immortelle, quoi qu'il fasse, et son destin le condamne à l'épanouir ou à la souiller, à connaître les délices du paradis ou les tourments de l'enfer, dans l'éternité. Pour le gnostique, c'est *ici* et *avant la mort* que tout se joue. D'où ce sentiment d'angoisse devant le temps, la brièveté de la vie humaine, si caractéristique de la sensibilité gnostique et qui n'a qu'un lointain rapport avec les jérémiades mélancoliques des poètes devant l'écoulement des jours : chacun de nos instants est compté, car chaque minute de notre vie est une porte ouverte sur le néant ou sur l'immortalité.

Voici donc posées, dès les toutes premières années de notre ère, les certitudes fondamentales qui ne cesseront d'alimenter la réflexion gnostique : le monde où nous vivons n'a pas été créé par le vrai Dieu, il est l'œuvre d'un simulateur et la tâche de l'homme consistera à refuser le jeu de ce monde-là, l'enseignement biblique et chrétien qui prétend le confirmer et les institutions par lesquelles il se perpétue. D'emblée, le gnostique se pose ainsi en être marginal, réduit (par l'évolution historique de la société comme par ses propres tendances) à constituer des communautés parallèles, secrètes qui transmettront l'Enseignement.

Et, second aspect de cet Enseignement, conséquence du premier principe : l'homme est appelé, dans ce combat contre l'oppression généralisée du réel, *à se créer une âme* ou, si l'on veut, à nourrir, fortifier, augmenter l'étincelle lumineuse qu'il porte au fond de lui. Reste à savoir comment Simon traduisit concrètement ces aspirations, et là encore nous retrouvons, appliquée aux options quotidiennes, une attitude typiquement gnostique.

Simon vivait avec une femme, Hélène. Cette Hélène, que certains auteurs chrétiens présentent comme une ancienne prostituée, était selon Simon (et sans doute selon elle-même) la Sagesse divine descendue sur la terre. Les auteurs chrétiens, bien entendu, se gaussent de cette affirmation. Se prétendre le Père et la Mère de l'univers, se faire passer pour Zeus et Athéna ou pour le Soleil et la Lune, avait tout d'une provocation ou d'une plaisanterie. En fait, on sait que ce genre d'affirmation était courant à l'époque et que Simon n'en eut nullement le privilège. Ce qui paraît par contre plus significatif, c'est qu'il est apparemment le seul, de tous les « Dieux » ou « Envoyés » de son époque, à vivre ouvertement avec une concubine et à former un couple. Et c'est justement par ce couple et dans ce couple que son enseignement prendra corps.

Pour Simon, en effet, la semence issue du feu divin que l'homme porte en lui et le désir — feu psychique — qui l'émet hors de l'homme sont les moyens privilégiés de sa libération. Face à l'image tronquée du couple que présente la Bible (où la femme est tirée de l'homme et non coexistante à lui), Simon oppose l'image du couple primordial d'une femme *coexistante* à l'homme dont Jéhovah détourna le destin et qui ne put venir à l'existence. C'est lui, Simon, et c'est Hélène qui, par leur mutuel désir de fusion dans leur corps et leur âme, rétabliront l'ordre premier du monde, accompliront le message de désir « intercepté » par Jéhovah. Faites l'amour, dit Simon, pour lutter contre le désordre du monde, rétablir le désir dans ses droits essentiels, entretenir le feu générateur qui est aussi sang, lait, semence.

On conçoit là encore combien cet enseignement — anodin sans doute pour les païens — devait horrifier des oreilles déjà chrétiennes. Car autour de Simon et d'Hélène se constituèrent des couples de disciples (une trentaine, semble-t-il) vivant en union libre. Il est même plus que probable — comme le feront plus tard d'autes sectes gnostiques — que ces couples pratiquaient l'amour entre eux. Ce que les auteurs chrétiens, en tout cas, ont appelé, bien à tort, les « mystères des Simoniens » se résume donc à la pratique de l'amour libre, sans détourner d'ailleurs cet amour de la fécondation. D'autres gnostiques par la suite adopteront la voie totalement opposée de l'ascèse ou du refus de procréer. Mais c'est là un des traits marquants du gnosticisme, dès ses débuts : l'ambivalence de tout comportement. L'attitude radicale adoptée à l'égard de la chair permet, *indifféremment*, de pratiquer une ascèse rigoureuse ou une « débauche » non moins rigoureuse car l'une ou l'autre de ces voies est chacune libératrice.

Pour Simon, en tout cas, la fécondation de la femme ne s'oppose pas au salut du monde, à condition de l'effectuer en dehors des cadres et des institutions qui, de tout temps, ont eu pour but de la contrôler, de l'enrégimenter, de la détourner de son sens. Cette pratique de la libre fécondation doit faire éclater justement le carcan social qui étouffe sa spontanéité créatrice. L'auteur chrétien Hippolyte de Rome rapporte à ce sujet — pour s'en scandaliser bien sûr — cette phrase de Simon à ses disciples : « Toute terre est terre et qu'importe où l'on sème. La promiscuité des hommes et des femmes, voilà la véritable communion. »

On aurait tort de voir en cette phrase ce qu'on appellerait de nos jours une « incitation d'adultes à la débauche » ou un « détournement de majeurs ». Car cette communion qui mêle les semences, les désirs et les êtres en brisant tout lien de nature institutionnelle et probablement aussi de nature sentimentale, aboutit à une sorte de fusion, première victoire sur ce monde dont la nature profonde est la séparation, la division, l'éparpillement dans la pesanteur matérielle. Lutter contre ce qui divise, émiette, rassembler les étincelles éparses en chacun, combler l'abîme qui sépare les êtres entre eux comme il nous sépare, en tant qu'humanité, du ciel, bref, démanteler les cercles que le démiurge a instaurés pour maintenir chacun dans sa solitude impuissante, voilà sans doute ce que signifiait cette phrase aux yeux des initiés. A ce stade, en effet, les individualités disparaissent avec la première de toutes les prisons, celle du Moi. Briser le Moi, se fondre dans le Toi, dans le Lui (et l'on retrouve ici l'importance que Simon donnait précisément à la grammaire dont les catégories rigides étaient l'un des milliers d'exemples révélateurs de la séparation aliénante des éléments du monde), supprimer ces catégories du Moi, du Toi, du Lui, *devenir Nous*, tel devait être le sens des soi-disant « mystères des Simoniens ». « Toi et Moi ne sommes qu'Un », disait Simon dans un ouvrage perdu et qui avait pour titre : *La grande Révélation d'une Voix et d'un Nom.*

Quant au reste, il s'agit de légendes. Le reste, ce sont les anecdotes rapportées par les Pères de l'Église, quant à la vie et à la mort de Simon le Mage. Ces légendes valent cependant d'être relatées car elles révèlent déjà le souci, sous couvert d'authenticité, de discréditer les gnostiques. On attribuait à Simon le Mage maints miracles et maints prodiges. Les *Actes des Apôtres*, le plus ancien texte chrétien qui fasse mention de lui, dit déjà « qu'il y avait, dans la ville de Samarie, un homme appelé Simon qui exerçait la magie et jetait le peuple de Samarie dans l'émerveillement. Il se disait quelqu'un de grand et tous, du plus petit au plus grand, s'attachaient à lui ». Cet homme, disait-on, est la Puissance de Dieu, celle qu'on appelle la Grande. « Ils s'attachaient donc à lui parce que depuis longtemps il les tenait émerveillés par ses sortilèges. »

Cette audience de Simon parmi les populations samaritaines — et plus tard, quand il s'y rendit, parmi celles de Rome — gêna considérablement la prédication des apôtres. C'est que Simon les concurrençait sur leur propre terrain et que Pierre lui-même, rapporte l'apologiste Justin, dut à plusieurs reprises le suivre à la trace pour prêcher après lui et détromper les futurs chrétiens. De là vient, sans doute, l'anecdote rapportée par les *Actes* selon laquelle Simon, en voyant les apôtres Pierre et Jean faire descendre le Saint-Esprit sur les fidèles par simple imposition des mains, leur offrit de l'argent pour obtenir le même pouvoir. D'où le terme de *simonie*, devenu courant depuis lors et que le *Dictionnaire de Droit Canonique* définit comme « la volonté réfléchie d'acheter ou de vendre à prix temporel une chose intrinsèquement spirituelle ». Il se peut que l'anecdote soit vraie. Mais ce qu'elle implique et ce pour quoi elle a pris naissance, c'est qu'en réalité Simon n'avait que de faux pouvoirs, qu'il n'était qu'un vulgaire imposteur. C'est cette image que les légendes postérieures entretiendront, notamment au sujet de sa mort.

Deux variantes circulaient alors sur cette mort. Dans l'une, Simon, au cours de son séjour à Rome, discutait avec l'apôtre Pierre qui lui déniait tout vrai pouvoir. Simon affirma qu'il pouvait s'envoler vers le ciel. Pierre le mit au défi : Simon aussitôt s'envola. Mais la prière de Pierre le fit retomber sur le sol où il se brisa en quatre et mourut. Constatons au passage qu'en rapportant cette anecdote — à laquelle ils croyaient ferme — les auteurs chrétiens ne semblent à aucun moment tenir rigueur à Pierre de s'être servi de la prière pour commettre un pur et simple assassinat. Mais passons. Dans son autre version, la mort de Simon se déroula ainsi : il était assis sous un platane à discuter avec les apôtres et là encore, il se vantait de ses pouvoirs. « Je peux ressusciter comme le Christ, affirma-t-il. Enterrez-moi et je ressusciterai dans trois jours.» Les apôtres acceptèrent, enfermèrent Simon dans un cercueil qu'ils enterrèrent au pied de l'arbre. Ils attendirent trois jours : Simon ne ressuscita pas.

Ainsi se serait achevée — dans le ciel ou sous la terre — la vie de celui qui avait violemment combattu l'enseignement apostolique et semé la perturbation sur les routes de Samarie. Son enseignement ne disparut pas avec lui. Il faut croire que ses contemporains ne crurent guère à ces légendes d'Icare gnostique ou de faux Christ enterré vivant car beaucoup continuèrent de suivre son message. L'essentiel, en tout ce qui concerne Simon le Mage, c'est que la gnose affirme ici son originalité, son pouvoir de fascination en marge des enseignements et des prédications traditionnels, et qu'elle présente déjà un visage qui restera le sien au cours des siècles suivants. Ce visage c'est celui du Couple primordial, cette exaltation du Désir comme feu premier du monde et source de libération — le Désir feu, le Désir fou — cette descente sur la terre de la Sagesse incarnée dans le corps d'Hélène, chue des hauteurs du ciel dans les profondeurs de l'histoire pour enseigner aux hommes la voie de leur salut : féconder ce reflet de la splendeur divine qu'est le corps d'une femme.

LES MAÎTRES DE SAGESSE

L'accomplissement et la perpétration de n'importe quelle volupté sont indifférents.

Basilide.

Faites mourir la mort.

Valentin.

Comment une idée fait-elle ce qu'on appelle son chemin ? Par quels méandres, détours particuliers qui ne recoupent pas toujours ceux du corps — qui pourtant la véhicule — s'insinue-t-elle ici et là, disparaissant soudain pour resurgir aussi soudainement ailleurs ? Cette question peut paraître banale ou même conventionnelle, et pourtant je constate qu'à propos de la gnose, aucun historien n'y a sérieusement répondu. Il est curieux de voir à quel point des hommes compétents, portés à réfléchir, peuvent parfois se contenter, en matière de causalité, d'explications superficielles ou déroutantes. Ainsi un historien récent du gnosticisme, Robert Grant, auteur d'un ouvrage remarquable intitulé *Gnosticism and early christianity*, écrit, pour expliquer certaines analogies entre la philosophie bouddhiste et celle du gnostique Basilide, que ce dernier « a pu acquérir à Alexandrie quelques connaissances du bouddhisme par l'intermédiaire de marchands hindous ». Sans sous-estimer les connaissances philosophiques des marchands — hindous ou non — je ne vois pas comment un homme tel que Basilide, dont l'enseignement révèle une connaissance approfondie des différentes religions de son temps, aurait pu leur devoir ses éventuels emprunts au bouddhisme. C'est un peu comme si, dans quelques siècles, un historien (s'il y en a encore) écrivait, pour expliquer les connaissances de Theilhard de Chardin sur le Sinanthrope « qu'il aurait pu les acquérir par l'intermédiaire de quelque délégation chinoise, venue en Europe en mission commerciale, à l'époque où il écrivait *Le Phénomène humain* ». Or il faut savoir que la quasi-totalité des ouvrages d'histoire, y compris les plus réputés, contiennent à tout moment des affirmations de ce genre.

Si je me suis posé cette question, c'est parce qu'il semble évident que, d'un côté, l'enseignement de Simon le Mage n'est pas mort avec lui et s'est continué en Samarie, en Syrie et peut-être en Égypte et que d'un autre, cette transmission semble s'être effectuée de façon clandestine, souterraine et donc difficile à déceler par des preuves irréfutables. Il en sera de même d'ailleurs pour les autres chefs de file du gnosticisme dont les œuvres aujourd'hui perdues demeuraient déjà secrètes de leur vivant en raison de leur contenu (parce que réservées à certains initiés) et aussi de la nécessité d'échapper à la vindicte et à l'acharnement des chrétiens. C'est la raison pour laquelle nous ne connaissons relativement les gnostiques qu'à l'époque où ils se trouvaient, avec les chrétiens, dans la situation d'insoumis ou de rebelles face au pouvoir romain, c'est-à-dire tout au long du IIe siècle. Les dissensions internes entre vrais et faux chrétiens ne pouvaient aller, à cette époque, jusqu'à l'extermination ou l'excommunication pure et simple d'une secte par une autre. La présence, la puissance de l'ennemi commun remirent à plus tard le « règlement » de ces problèmes. Il est vrai que l'histoire de la Révolution russe et plus encore l'histoire récente des partis révolutionnaires en Europe nous enseignent que, même en face d'un ennemi commun et puissant — le tsarisme ou le capitalisme — les groupes ou groupuscules révolutionnaires n'en continuent pas moins leurs querelles internes. Mais c'est pour une raison fort simple : à savoir que le libéralisme des sociétés occidentales tolère ces divisions — qui d'ailleurs les servent. Si demain, une fois la révolution obtenue, l'un de ces groupes prenait le pouvoir, on sait bien que cette tolérance ne serait plus de mise et que les évincés n'auraient d'autre issue que l'exil ou la clandestinité. Et de même qu'il est impensable d'imaginer l'existence reconnue de groupes trotskistes ou maoïstes dans les démocraties populaires, de même l'accession des chrétiens au pouvoir rendit très précaire la survie des sectes gnostiques. C'est justement à cette époque, au IVe siècle, qu'elles disparaissent définitivement dans la nuit de l'histoire

— sans pour cela cesser d'exister — et que les enseignements et les textes des maîtres gnostiques deviennent entièrement clandestins. Ainsi se dessine, superposée à la tragédie du devenir humain, une autre tragédie qui la confirme et la nourrit : celle de l'histoire elle-même — mesure terrestre du temps cosmique, ce temps qui fut toujours pour les gnostiques le signe majeur de notre aliénation.

C'est pourquoi une histoire du mouvement gnostique ne peut d'aucune façon s'écrire comme une histoire traditionnelle. Elle est en quelque sorte l'histoire de l'ombre, une contre-histoire dont les nappes successives tentent désespérément de nier l'histoire elle-même, d'arracher l'homme aux contraintes de la durée. Alors que les plus lucides ou les plus convaincus des chrétiens ont eu, dès les premières décennies de notre ère, le sentiment de fonder une ère nouvelle — même si elle devait s'interrompre incessamment par la fin des temps —, de bouleverser les cheminements du monde et d'édifier un homme nouveau, les gnostiques n'ont jamais, dans leurs textes ou dans leurs silences, montré le moindre souci de laisser des traces durables sur cette terre. C'est évidemment, dirons-nous, une conséquence logique de toute leur attitude. Ils se moquent de la postérité, de la pérennité, du futur, de tous ces pièges et ces filets du temps où les hommes se laissent prendre. Ce qu'ils prônent, d'une certaine façon, c'est une fuite immédiate, une désertion hors du monde et des siècles. Comment, alors, écrire l'histoire de ceux qui justement n'en voulurent jamais, tracer le portrait figé d'ombres qui fuient sans cesse ? On poursuit, on effleure les gnostiques, on ne les saisit pas. Et quand on les saisit, à coup sûr, on les viole. Que dirait un Basilide, un Valentin, un Carpocrate si, des hauteurs de l'hypermonde où sans doute ils se trouvent, ils lisaient aujourd'hui ce livre ? Que je suis moi-même tombé dans le piège du temps, les griffes de l'histoire, et que — mes intentions fussent-elles louables et mes idées sympathisantes — je ne fais qu'ajouter à l'épaisseur du temps celle d'un livre inutile et trompeur. Une seule hypothèse pourrait à la rigueur atténuer leur verdict : que je sois, deux mille ans après, un gnostique réincarné. Mais même cette hypothèse ne me délivre pas entièrement de leur accusation : si je suis encore sur la terre, en cette seconde moitié du XXe siècle, c'est que je suis toujours soumis au cycle des réincarnations — auxquelles crurent beaucoup d'entre eux — et que je n'ai pas encore épuré en moi les pesanteurs matérielles, libéré l'étincelle de vie de sa gangue corporelle, bref, que je n'ai pas totalement reçu la gnose. Si je l'avais reçue, je serais dans la splendeur du Plérôme, délivré de la matière, du langage, des catégories mentales et psychiques, de l'histoire, du temps et surtout du souci de penser quoi que ce soit à leur sujet. Du point de vue pur et strict des gnostiques, ce livre est donc absurde. Car il prétend intervenir dans un monde de non-intervention. Il violente la non-violence. Il agit comme ces moyens grossiers d'observation qu'utilisent les physiciens pour étudier les structures de l'atome et qui, étant eux-mêmes inévitablement de nature matérielle (lumière, rayons, faisceaux de particules), perturbent et même détruisent l'objet qu'ils cherchent à étudier. Étudier le gnosticisme avec les moyens mentaux qui sont les nôtres, c'est d'une certaine façon le perturber et le détruire.

La logique voudrait donc que je m'arrête ici. Mais outre les obligations contractées à l'égard de mes éditeurs, quelque chose de plus profond me pousse à continuer. C'est que j'aime ces hommes, que j'aime le silence où ils voulurent se fondre, et que j'aime savoir que quelque chose, aujourd'hui, une sensibilité, une attitude, des courants souterrains caractéristiques de notre temps, les retrouvent et les continuent. Le paradoxe du devenir veut que la non-histoire suive toujours l'histoire, que les antisociétés supposent d'abord les sociétés. La hantise n'est pas morte de savoir pourquoi, depuis tant de siècles, des hommes se sont rencontrés pour dire NON à quelque chose. Ce quelque chose a pris des formes sans cesse différentes — et surtout politiques depuis un demi-siècle — mais par là même fragmentées. C'est la première, non formulée, des lois d'aliénation et il faut la connaître : ce à quoi on dit NON n'est jamais l'ennemi véritable, mais l'ombre qu'il projette en nous et sur nous.

Après la mort de Simon le Mage, un certain nombre de disciples continuèrent son enseignement. On connaît les noms de deux d'entre eux : Ménandre et Saturnin. Disciples est d'ailleurs un terme excessif. Chacun, en fait, suivit une voie personnelle qui s'inspirait des chemins tracés par Simon mais qui tour à tour les complétait ou s'en écartait. Car la gnose elle-même enseigne à ne pas s'en tenir à ces critères factices par lesquels s'écrit finalement l'histoire des idées. N'ayant eu ni Églises ni dogmes ni conciles, le gnosticisme a pu se développer selon des voies multiples qui toutes en font partie. A l'inverse de l'histoire du christianisme qui est toujours l'histoire de la victoire du dogme contre les hérésies, celle du gnosticisme doit tenir compte de tous ces courants et se garder d'en privilégier un au détriment des autres. Il n'y a pas d'hérésies pensables au gnosticisme puisque, par essence, la gnose englobe au lieu de diviser.

Ménandre et Saturnin continuèrent donc l'enseignement de Simon en y ajoutant leurs propres méditations. Le deuxième, qui enseigne à Antioche près d'un siècle après la mort du maître, semble avoir eu une certaine audience. C'est à lui qu'on doit, entre autres, les précisions mentionnées plus haut quant à la création de l'homme et à propos du vrai Dieu, étranger à ce monde, le terme de Père inconnu. C'est à lui aussi qu'on doit, semble-t-il, l'idée que les mauvais démiurges, les ignobles Éons responsables du monde — et qu'il nomme, lui, les Archontes — ne sont autres que les sept planètes.

Dans la cosmologie hébraïque déjà, les planètes ne sont pas des astres morts mais des êtres vivants, des archanges censés célébrer par leur éclat la gloire du Tout-Puissant. Le gnosticisme retient cette vision mais l'inverse : ces planètes vivantes, ces archanges enflammés sont au-dessus de nous pour célébrer leur propre gloire. Ils occupent indûment le ciel inférieur – leur domaine – d'où ils régissent leur création maudite. Aucune admiration, aucune béatitude ne devait à coup sûr se lire dans le regard que portait Saturnin vers la perversité de ce ciel absurdement étoilé, habitat de ces malfaiteurs nocturnes, de ces voleurs d'âme que sont les astres. Dans la multiplicité, le fouillis des étoiles, dans la ronde oppressante des planètes, il voyait les grilles enflammées clôturant notre prison terrestre, les gardiennes de notre détention planétaire.

Mais c'est en Égypte, avant tout, plus qu'en Syrie, en Palestine, en Samarie, que la gnose connut son plein épanouissement. Elle s'y développe à une vitesse prodigieuse dès le début de ce IIe siècle, ce siècle étrange, confus où vibrent comme assourdies les grandes pulsations de l'histoire, brasier de dieux, de cultes, de conversions et de reniements et en cette ville qui fut précisément le lieu terrestre de la confusion mais aussi du grand jaillissement des idées : Alexandrie.

Creuset, foyer, mortier, haut fourneau, alambic où se mêlent, se distillent, s'infusent et se transfusent tous les ciels, tous les dieux, tous les songes : Alexandrie au IIe siècle. Où qu'on regarde, où qu'on se trouve, à quelque niveau qu'on y interroge l'histoire, on y découvre toutes les races (seuls les Chinois n'y sont pas encore), tous les continents (l'Afrique, l'Asie, l'Europe), tous les siècles (ceux de l'antique Égypte qui y conserve ses sanctuaires, ceux d'Athènes et de Rome, ceux de Judée, de Palestine et de Babylonie), rassemblés dans cette ville, nœud du Delta qui est lui-même au fleuve ce que sont pour l'homme les poumons et pour l'arbre les branches : le lieu par lequel ils respirent, le lieu qui les inspire.

Cette image, il est vrai, ne peut apparaître ainsi qu'avec le recul du temps. Les étrangers qui, alors, se rendaient à Alexandrie n'y voient d'abord que confusion, mélange indescriptible de croyances et de rites, anarchie, dissolution de toutes les certitudes. Ils s'y sentent égarés dans quelque terrain vague de l'histoire, happés par le mystère de toutes ces contradictions, engloutis par ce mélange forcené de fois incompatibles. « ... On y voit des évêques qui se disent chrétiens rendre un culte à Sérapis. Pas un seul prêtre — samaritain, chrétien ou juif — qui ne soit mathématicien, aruspice ou alypte. Le patriarche lui-même quand il vient en Égypte adore le Christ et Sérapis pour contenter tout le monde... », écrit l'empereur Hadrien au consul Servianus, son ami.

C'est justement vers l'époque où Hadrien la visita — aux environs de 130 après J.-C. — qu'enseignèrent à Alexandrie un certain nombre de gnostiques parmi les plus notoires : Basilide, Carpocrate, Valentin. Un fait, déjà, est à noter : s'il leur arrive de voyager, de se rendre à Rome, en Grèce ou à Chypre, ce ne sont plus des prophètes errants. La gnose est désormais installée dans les villes, dans la Ville surtout, Alexandrie, où elle trouve un terrain rêvé. Car là se rencontrent, s'associent ou s'opposent le paganisme égyptien, grec, romain, le christianisme copte, le judaïsme, les philosophies néoplatoniciennes, l'hermétisme, d'autres systèmes encore, que les uns brassent en des syncrétismes éphémères, que les autres, les chrétiens surtout, cherchent à trancher, à rompre, à séparer. Pour les gnostiques, la séparation, la division, l'éparpillement sont précisément les voies terrestres de l'aliénation. Basilide, Carpocrate, Valentin, eux, prennent leurs biens où ils les trouvent. Mais je ne chercherai pas ici les sources et les différentes origines de la gnose. Ce qui importe à mes yeux, c'est l'estuaire, l'aboutissement, l'enseignement spécifique qui fut celui des grands gnostiques. On ne crée pas, on ne suscite pas un enseignement comme celui de la gnose en dosant quelques ingrédients empruntés aux systèmes antérieurs, en brassant l'ensemble avec quelque excipient et en mettant le tout dans le grand four, le grand creuset d'Alexandrie. Toutes les recherches, tous les livres écrits sur ce problème des sources de la gnose n'éclairent toujours qu'un seul aspect des choses : christianisme, judaïsme, philosophie néo-platonicienne, stoïcisme, épicurisme, cynisme, hermétisme ont servi à la gnose. Mais la gnose, justement, n'est pas cela : un amalgame de systèmes hâtivement syncrétisés. Elle est, une fois combinés, fusionnés ces constituants premiers, une substance neuve, une pensée mutante, une création qui, une fois surgie, les dépasse et les nie. Au point qu'elle n'hésite pas, pour aller au bout de son histoire, à se nier elle-même.

Ainsi, Basilide, l'un des premiers maîtres gnostiques d'Alexandrie, pose à l'origine et au centre du monde, au cœur de notre psyché, l'Illusion et, comme moyen de la vaincre, la totale Ignorance. Il s'agit d'une pensée, d'un système qui vont si loin dans la recherche du non, du non-étant, de l'inexistant, du non-réel, que le langage lui-même reste impuissant à les traduire. Car, nous dit Basilide, « il fut un temps où rien n'était. Quand je dis rien, cela ne signifie pas qu'il n'y avait rien, cela veut dire, nettement, crûment, totalement, que le rien lui-même n'existait pas. »

Ce vertige du rien — qu'il faut tout de même penser et écrire pour dire que rien n'était — puisqu'en disant cela, je pose l'existence d'un quelque chose qui n'était rien, ce vertige, donc, des mots où d'emblée la pensée sombre et coule, engluée dans ces syllabes imparfaites, ces lettres omnipotentes R, I, E, N, ce vertige va croissant dès que Basilide essaie de préciser les implications négatives de ce rien. « Rien, donc, n'existait, ni matière, ni substance, ni êtres sans substance, ni êtres simples, ni êtres composés, ni êtres intelligibles, ni êtres non intelligibles, ni êtres sensibles, ni êtres non sensibles, ni ange, ni homme, ni dieu, ni absolument aucun des êtres qu'on nomme ou qu'on perçoit par les sens ou l'intelligence. » Si bien que Dieu est — curieusement mais très logiquement — appelé Celui qui n'est pas.

Mais si Dieu est Celui qui n'est pas et si rien n'existait, comment s'est fait le monde ? Là encore, on se heurte à la prison des mots. « Celui qui n'est pas, poursuit Basilide, voulut faire le monde. J'emploi le mot *voulut* pour me faire comprendre mais en fait il n'y eut aucune pensée, aucune volonté, aucun sentiment. Et le Dieu qui n'est pas fit le monde de ce qui n'est pas. »

A ce stade, où la pensée lutte sans cesse contre la trahison du langage si bien qu'à peine écrit, chaque mot est repris, contesté, rejeté, le procès du monde prend des formes insoupçonnées. Comment se dresser contre ce qui n'est pas ? Comment vivre au cœur d'un malentendu si total que tout ce qui nous entoure n'est en réalité qu'un non-réel, un reflet, une illusion, un miroir trompeur, un fantôme ? Basilide élève ici la totalité du monde au niveau d'un fantasme cosmique, engendré par le sommeil planétaire des faux vivants. Car seul le sommeil peut nous faire prendre un songe pour le réel. Quand Basilide dit que le monde est illusion, il ne veut pas dire (je suppose) que le monde où nous vivons n'existe pas — puisqu'il est — mais qu'il existe en tant qu'illusion, mirage. Il est le mirage d'un autre monde, non créé, non engendré et dont on se demande si ce n'est pas justement la tâche des gnostiques de le susciter, de l'amener à être puisqu'il existe à l'état latent, et ce, par le rassemblement des consciences éveillées, la fuite hors du mirage, la traversée du miroir illusoire que sont à la fois notre terre et le ciel.

On peut suivre d'ailleurs, par un exemple plus précis encore, jusqu'où va le radicalisme de Basilide. Certains philosophes anciens — grecs et chrétiens — disaient de Dieu qu'il est par nature ineffable. Non, répond Basilide, car dire d'une chose qu'elle est ineffable, c'est lui conférer une existence et un état. « Il existe, précise-t-il, des choses qui ne sont même pas ineffables et donc qui sont au-delà de tout nom proférable. » Ainsi, à l'extrême aboutissement de la pensée de Basilide, on rencontre, tout naturellement, non pas le non-nommable, mais l'impossibilité même de l'envisager, bref, on rencontre le Silence.

Le Silence. Nous voici au cœur de l'enseignement gnostique. Nous savons, par le témoignage des adversaires chrétiens de Basilide, que celui-ci imposait à ses disciples, à l'exemple de Pythagore, un silence de cinq ans. Peut-être ce silence allait-il au-delà de celui des disciples et impliquait-il aussi celui du maître. On sait fort peu de chose sur Basilide et son école, et il est impossible d'imaginer exactement comment il enseignait. Mais même s'il fut le seul à imposer cette ascèse du silence, ce fait est révélateur. Il est une des formes les plus nettes — et les plus difficiles — du combat contre l'illusion du monde. Car ce silence n'est pas seulement le contraire du bruit, la cessation de la parole, il doit être un moyen de susciter chez le disciple — par l'état de constant éveil qu'il implique — une conscience accrue, une charge de pensée, comme un supplément d'âme. Il est refus du langage mais approche d'une hyperconscience. Abstention mais arme comme la non-violence. On voit déjà vers quelle voie pratique s'engage l'enseignement de Basilide. Puisque ce monde est fait de ce qui n'est pas, on luttera contre lui en le niant, notamment par le silence. Aux bruits du monde, aux ondes éphémères des paroles, à la matière sonore et trompeuse de l'univers, on opposera *cette sorte d'anti-son que devient alors le silence de l'homme.*

Et l'on opposera quelque chose de plus encore. Le désir de connaître, de déceler derrière le jeu des formes évanescentes du monde les mécanismes véritables qui les meuvent, ce désir est suspect. Que peut être en effet le savoir dans un monde d'illusions, si ce n'est un savoir lui-même illusoire ? Ce que nous questionnons, ce sont des reflets, des songes, des fantômes. La logique elle-même devient inefficace, puisqu'elle est logique de l'inanité. Elle n'est, dans la plupart des cas, qu'un mécanisme tournant à vide dans ce labyrinthe à mirages qu'est tout cerveau humain. Seule l'ignorance, jointe au silence, trace la voie royale de la libération.

Basilide, il est vrai, dut tempérer quelque peu ce refus de toute connaissance. Pris aux pièges de ces négations successives qui renvoient en nous-mêmes l'écho répété de nos doutes, Basilide a dû transiger. On dit qu'il écrivit vingt-quatre livres de commentaires sur les Évangiles, qu'il composa des Odes, et institua pour ses disciples un culte à mystères qui suppose évidemment la connaissance des mystères eux-mêmes. Mais il ne négligea pas ce qu'on pourrait appeler les « conseils pratiques ». Il n'est pas difficile d'imaginer en quoi ils pouvaient consister. Face aux tromperies du réel, aux duperies des Églises et de toutes les institutions, au scandale des lois, des fois, des interdits, il propose une morale des plus simples : la non-morale.

Ainsi, au moment où commençaient les premières persécutions contre les chrétiens et contre les gnostiques (les Romains ne voyant entre eux aucune différence), Basilide proclame qu'il est normal et nécessaire d'abjurer sa foi pour s'y soustraire. De même, le désir sexuel ne doit pas être entravé par les institutions qui partout tentent de le canaliser vers des formes sociales, il doit s'assouvir librement, pour lui-même, en dehors de tout lien affectif et matrimonial. Ce qui ne veut pas dire que Basilide prônait l'union libre comme seul remède aux détresses des hommes. En ce qui le concerne, il ne semble pas qu'il ait été un satyre ivre de femmes, ces « vases d'élection » comme les nomme un texte gnostique. Aux initiés, à ceux qui avaient supporté l'épreuve du silence, il est probable qu'il conseillait l'ascèse. Aux autres, simples disciples ou simples auditeurs, il laissait la liberté de choisir la voie qu'ils jugeaient la meilleure. A l'encontre de la quasi-totalité des groupes ésotériques, des communautés mystiques de tous les temps, les gnostiques ne dressaient, au début, aucune règle ni aucun interdit de principe. Leur but fut plutôt, semble-t-il, de laisser chacun libre de rejoindre l'enseignement en continuant sa propre vie, sans être astreint ni à l'ascèse ni à la non-ascèse. Ainsi s'affirme, avec Basilide, cette indifférence prodigieuse à l'égard des principes, cet affranchissement radical à l'égard des systèmes, qui devaient tant scandaliser tous ses contemporains.

Quand on lit les textes gnostiques, ces cosmologies peuplées d'Éons, d'Archontes, de Dieux qui ne sont pas, d'Inengendrés, de Couples primordiaux, de cercles séparateurs, d'étoiles castratrices, de feux dévorateurs, on rencontre une évidente contradiction : d'un côté, ces textes relèvent d'un domaine bien connu, celui de la mythologie et, comme tels, peuvent toujours se réduire à quelques archétypes et à toutes les interprétations psychanalytiques. Mais d'un autre côté, ces systèmes fantastiques, ces délires organisés, ces constructions savantes, souvent à peine intelligibles, ont servi d'assise et de moteur à un enseignement cohérent, et à une morale — ou si l'on veut une non-morale — d'une remarquable homogénéité. Il est bien évident qu'à côté des spéculations gnostiques la Genèse et les Évangiles paraissent d'une simplicité et d'une clarté éblouissantes. Que cachent alors cette complexité, ces subtilités continuelles qui transforment l'histoire du monde en une suite de tragédies absurdes, d'enchaînements obscurs dans une déploiement d'Archontes, de Puissances, d'Entités innombrables ? Fallait-il tant de coups de théâtre dans les cercles du ciel, tant de pleurs, de chutes, de repentirs, de calculs, de perversités chez les Archontes et les Éons pour dire cette chose éminemment simple : la vraie vie est ailleurs ?

J'avoue ne trop savoir quoi répondre à cela. Essayons malgré tout car la sympathie, l'adhésion que je voue à ces hommes et à leur attitude m'incitent à l'entreprendre. Je voudrais que cette adhésion soit totale, ou du moins qu'elle n'achoppe pas sur ces textes sibyllins, souvent spécieux et en tout cas fort ennuyeux. Prenons donc un passage de la cosmologie de Basilide, cité par Hippolyte de Rome, et tiré du récit relatif à la création du monde :

« Le Fils du grand Archonte alluma donc la lumière du Fils de l'Archonte de l'Hebdomade, comme il avait lui-même allumé la sienne en haut par contact avec la Filialité et le Fils de l'Archonte de l'Hebdomade fut illuminé et il fut pareillement saisi de crainte au premier mot et il confessa sa faute. » Ce qui apparaît d'emblée dans ce passage — tiré, je le rappelle, d'un ensemble beaucoup plus vaste — c'est la complexité, l'enchaînement abracadabrant des causalités successives censées expliquer pourquoi et comment une déviation, une erreur s'est glissée dans le processus de la création. Les termes qu'emploie Basilide : Hebdomade (l'ensemble des sept cercles inférieurs), le grand Archonte (chef du plus élevé des sept cercles), la Filialité (émanation du Dieu qui n'est pas, composée de trois parties, l'une subtile, l'autre opaque, la troisième impure) sont des termes aujourd'hui obscurs mais relativement courants à cette époque et employés par maints penseurs d'alors, gnostiques ou non, à propos de spéculations sur la nature humaine et divine du Christ, par exemple. Mais ici — bien que ce système puisse paraître totalement gratuit et n'être que le produit d'un esprit délirant — on peut se demander s'il n'est pas le reflet de ces mystères eux-mêmes complexes qu'ils prétendent éclairer, à savoir la genèse du monde, la structure matérielle de la vie, l'existence de la conscience et leurs rapports avec le monde intelligible du vrai Dieu. Ces problèmes n'avaient rien de simple et les plus sensés des Pères de l'Église qui eurent à en parler se sont lancés souvent, eux aussi, dans des explications fort ardues. C'est qu'il ne s'agit de rien moins que d'affronter l'inconnu, d'appréhender un monde dont les lois, les structures, les forces directrices échappent à notre entendement. Et ce n'est pas un hasard si, chaque fois qu'un problème de cette nature se pose à la raison humaine, elle y répond, en voulant clarifier, unifier des données complexes et contradictoires, dans un langage fort difficile à saisir pour un profane. Prenons là encore un exemple, d'autant plus net qu'il s'est révélé à moi fortuitement au cours de lectures faites pendant que j'écrivais ce livre. Rendant compte dans un ouvrage paru il y a quelques années — *L'image du monde dans la physique moderne* — de la nouvelle vision du monde proposée par les recherches des physiciens, Max Planck écrit ces lignes, dont l'évidence, j'imagine, n'échappera à personne...

« Si le postulat de l'équivalence d'une énergie et d'une fréquence doit recevoir un sens non univoque, c'est-à-dire indépendant du système de référence, il faut, selon le principe de la relativité, qu'un vecteur impulsion soit équivalent à un vecteur de fréquence, c'est-à-dire que la grandeur absolue de l'impulsion doit être équivalente à la réciproque de la longueur d'ondes avec un plan d'ondes dont la normale coïncide avec la direction de l'impulsion.» La compréhension rationnelle de ce texte n'implique pas seulement, comme on pourrait le croire, une initiation préalable au langage et aux données de la nouvelle physique. Elle implique aussi et surtout une attitude d'esprit qui est celle de la physique contemporaine où l'on repense totalement, en une hypothèse novatrice, les systèmes antérieurs et où les questions adressées au mystère de l'univers matériel changent de nature et de sens.

Sans mettre en parallèle des recherches, des hommes et des textes qui n'ont guère de liens vraisemblables entre eux, je crois pourtant qu'il faut interpréter de la même façon la vision novatrice des gnostiques sans s'en tenir uniquement au plan de la formulation. Rendre compte de la nature, du comportement, de la trajectoire céleste d'un Éon (et le terme lui-même a quelque chose qui pourrait faire croire au profane qu'il ne s'agit jamais que de quelque ancêtre de l'Électron, du Neutron ou du grand Positron) implique une attitude particulière, qui bouscule quelque peu les systèmes antérieurs et qui propose une probabilité plus qu'une certitude. Paradoxalement, c'est par un besoin réel de comprendre et d'expliquer rationnellement la nature et le devenir du monde où nous sommes impliqués que les gnostiques — à partir des hypothèses de leur temps — furent amenés à se fourvoyer dans des systèmes de nature mythologique.

Je ne me suis momentanément égaré dans ce monde de la physique moderne que pour montrer simplement comment il est facile de se gausser des systèmes laborieux édifiés par les penseurs gnostiques, comme pourrait le faire aujourd'hui un profane devant n'importe quel texte d'Einstein, de Planck ou d'Heisenberg, ces gnostiques de notre temps.

C'est ce que fait l'auteur chrétien saint Irénée avec un texte du gnostique Valentin, dont il raille, avec beaucoup d'esprit et d'inspiration, la cosmologie particulièrement absconse : « ... Il existe un pro-principe intelligible, pro-dénué de substance, une pro-rotondité. En ce principe réside une vertu que j'appelle Cucurbitacée. Dans ce Cucurbitacée est une vertu que j'appelle Absolument-vide. Ce Curcurbitacée et cet Absolument-vide ont émis sans émettre un fruit visible de toute part, comestible et savoureux : la Courge. En cette Courge réside une vertu de même puissance : le Melon. Cucurbitacée et Absolument-vide, Courge et Melon ont émis la multitude des melons délirants de Valentin. »

Passons donc à Valentin et à ses melons délirants et pour ce, revenons à Alexandrie. Dans cette ville fiévreuse où chacun s'active, les gnostiques apparaissent en effet comme d'étranges oisifs, préoccupés d'Éons, de Filialités, de « melons » plus ou moins délirants. Il est regrettable que la pudibonderie des auteurs chrétiens les ait empêchés de nous donner, sur la vie et le comportement quotidien des gnostiques, les renseignements que certains d'entre eux possédaient. On ne sait rien de l'audience réelle d'un Basilide ou d'un Valentin dans les milieux alexandrins. Ce qui est sûr, c'est qu'ils ne pouvaient guère toucher que les milieux grecs ou hellénisés de la ville. Car c'est en grec qu'enseignent à cette époque les grands maîtres gnostiques, comme Basilide et Valentin.

Ce dernier, formé à Alexandrie, se rendit par la suite à Rome où il séjourna de nombreuses années. A la différence des autres enseignants gnostiques, Valentin fut d'abord chrétien et faillit même devenir prêtre. Mais ses idées fort peu orthodoxes suscitèrent la méfiance puis l'hostilité. Chassé de l'Église, il quitta Rome et se rendit à Chypre où il fonda une communauté de disciples.

De son système et de son enseignement, il ne serait guère difficile de dire qu'il est, comme celui de ses prédécesseurs, fort nébuleux et fort peu aisé à saisir. Mais peut-être cela vient-il — car il faut aussi envisager cette hypothèse — de l'incompréhension ou de l'insuffisance des auteurs chrétiens qui en parlèrent. Ce qui est certain, c'est qu'on retrouve d'emblée, dans cet *Évangile de Vérité* qui lui est attribué, les thèmes fondamentaux de la pensée gnostique. A l'origine du monde, ce n'est plus l'Illusion, mais l'Erreur qui domine, une Erreur issue du Père inconnu, étranger, et qui engendra à son tour, dans l'immense vide de l'univers en gestation, l'Oubli, l'Angoisse et la Terreur. C'est d'Eux que nous procédons, c'est Eux que nous portons en nous et c'est pourquoi ce monde, fruit de l'Erreur, de l'Oubli, de l'Angoisse et de la Terreur, est appelé par Valentin le monde de la Déficience.

De cette Erreur originelle qui jeta dans un monde immature des semences imparfaites, des entités prématurées, proviennent ce sentiment de solitude, de perdition, ce malaise planétaire qui sont le lot de l'homme. Nous vivons sous le signe de la corruption et du besoin. Nous manquons de tout, de l'oxygène divin, du feu hyper-cosmique, et surtout de la vérité, demeurée solitaire dans les hauteurs de l'hyper-monde. Nous vivons dans le monde de la mort, une mort à la fois matérielle et cosmique, dont la matière inerte est le signe le plus tangible. Et ce n'est qu'en la partageant, en l'émiettant, en la dissolvant peu à peu, en consommant en quelque sorte toute la substance de ce monde que l'homme parviendra à s'arracher aux cercles de l'Erreur. « Il faut vous partager la mort afin de l'épuiser, dit Valentin à ses disciples, afin de la dissoudre pour qu'en vous et par vous meure la mort. »

Cette idée, on la retrouvera dans la plupart des sectes gnostiques et c'est elle qui justifiera, chez les plus affranchies d'entre elles, cette « consommation » forcenée de la matière, sous les espèces du sperme et du désir. C'est elle, en tout cas, qui régente tout le comportement des disciples de Valentin. En consommant la matière hostile de ce monde — en consommant l'amour, la chair, les voluptés les plus sensuelles, en déréglant, au fond, les sens humains (points de jonction de la matière et de la vie) — on épuisera sa substance et on accédera à la condition supérieure qui permettra de retrouver la vérité et l'immortalité perdues, de devenir, selon les propres termes de Valentin, un être indestructible.

Car ce monde, creuset de corruption, déjection de

l'Erreur, possède des semences d'immortalité, une vague ressemblance avec le Dieu lointain, l'Éon vivant, le Modèle véridique de toute chose. Valentin usera d'ailleurs d'une comparaison révélatrice : « Autant le portrait est inférieur au modèle vivant, autant ce monde est inférieur à l'Éon vivant. » C'est lui, ce modèle, ces véritables traits de Dieu qu'il faut retrouver à travers les images embrouillées qui parsèment ce monde. Valentin est d'ailleurs un de ceux qui a tracé, à partir des schémas platoniciens, les étapes de cette « consommation » libératrice. Tout en bas, dans les abysses où s'accumulent les déchets engendrés par l'Erreur, notre monde de chair et de matière. Les hommes qui toute leur vie s'y confondent et ne peuvent s'en arracher, ceux qui participent à son existence sans en alléger la matière seront à jamais des *hyliques*, des hommes matériels. Pour eux, pas de salut. Leur seul destin, c'est la corruption définitive, aboutissement inéluctable de tout ce qui est chair. Au-dessus, s'étagent les deux cercles de l'Air et de l'Éther, de nature matérielle mais allégés, moins grossiers, première étape de la remontée salvatrice. Y accèdent ceux qui, par la consommation de la matière, ont pu la transformer en psyché, c'est-à-dire la tamiser, l'alléger, la transmuer suffisamment *pour se créer une âme*. C'est la seconde catégorie d'humains : les *psychiques*. Mais avoir une âme ne suffit pas, si cette âme est coupée de la vérité. Pour se parfaire et se libérer à jamais des ultimes entraves, il lui faut connaître où est la Vérité, il lui faut posséder la gnose. C'est la troisième catégorie d'humains, la plus rare bien sûr : celle des *spirituels* ou *pneumatiques*, autrement dit des gnostiques. Ils accéderont au dernier cercle, au cercle du Pneuma ou de l'Esprit.

Peut-être cette distinction correspondait-elle par ailleurs aux différentes étapes de l'initiation des disciples dans l'enseignement valentinien. Il est difficile de le dire. On sait seulement que pour Valentin, ces trois états de l'homme se retrouvaient dans le monde quotidien : les hyliques, c'étaient les païens, englués dans la matière, par ignorance de la vérité religieuse ; les psychiques, c'étaient les chrétiens qui avaient reçu, grâce à Jésus, une première révélation mais qui ignoraient encore son enseignement secret et la nature profonde de la Vérité, seule accessible par la gnose. Les pneumatiques, c'étaient les gnostiques qui se situaient ainsi au-delà des chrétiens eux-mêmes.

En tout cas, ce qui est certain — et que l'on sait par l'enseignement d'un des disciples de Valentin, un nommé Ptolémée auteur d'une *Lettre à Flora* — c'est qu'aux yeux des disciples, quiconque avait atteint l'état pneumatique était totalement affranchi de toutes les entraves et corruptions de nature matérielle. Il pouvait tout se permettre, puisque désormais son âme avait tranché le cordon ombilical qui le reliait au monde d'ici-bas. C'est ce que dit clairement un texte de Ptolémée, rapporté par saint Irénée : « De même qu'il est impossible à l'homme matériel (hylique) d'être sauvé puisque la matière ne peut l'être, de même l'homme pneumatique ne peut être damné, quels qu'aient été ses actes. Et de même que l'or conserve sa beauté au sein de la plus noire des boues sans être souillé par elle, de même le gnostique ne peut subir aucune souillure ni perdre son essence pneumatique, car les actes de ce monde sont désormais sans effet sur lui. »

Et saint Irénée précise — avec, cette fois, quelques détails — en quoi consistait cet affranchissement du gnostique à l'égard des actes matériels. « ... Aussi les plus parfaits d'entre eux commettent-ils sans honte ce qui est défendu. Ils mangent sans scrupule les nourritures destinées aux idoles. Ils assistent à toutes les fêtes païennes. Beaucoup assistent même à ces combats de bêtes, odieux aux hommes et à Dieu et aux combats singuliers à mort d'homme. D'autres s'adonnent sans réserve aux plaisirs de la chair, disant qu'il faut rendre la chair à la chair et l'esprit à l'esprit. D'autres encore déshonorent secrètement les femmes qu'ils veulent initier. D'autres enlèvent ouvertement et sans scrupule à leur mari la femme dont ils sont tombés amoureux pour en faire leur compagne. D'autres enfin, qui faisaient semblant au début de vivre honorablement avec elle comme avec une sœur, furent démasqués, leur sœur étant devenue enceinte des œuvres de son frère. Et tout en commettant ces ignominies et ces impiétés, ils nous traitent d'imbéciles et de simples d'esprit parce que nous nous abstenons de tout cela, par crainte de Dieu. Eux, se proclament les parfaits, les semences d'élection. Ils prétendent avoir reçu d'en haut une grâce particulière, par suite d'une union ineffable. Et c'est pourquoi, disent-ils, ils se doivent de s'appliquer sans trêve au mystère de l'union sexuelle. »

Ainsi, par ce seul exemple, nous voyons les gnostiques de Ptolémée, émule de Valentin, pratiquer consciemment, volontairement, l'union libre, la séduction, et toutes les violations souhaitables. Pourtant, malgré l'acrimonie du témoignage et l'horreur visible qu'inspirent à l'auteur ces pratiques, quelque chose transparaît à travers son accusation : la certitude — luciférienne sans nul doute — pour le gnostique de se savoir indestructible, inaccessible aux corruptions du monde, et ce culte évident de la femme, du sexe, de l'Éros, qui sera la part essentielle de leur vie, la voie royale qui vainc les entreprises de la mort.

L'EXPÉRIENCE ABSOLUE

La plus absurde de toutes les lois du monde est celle qui ose dire : « Tu ne convoiteras pas la femme de ton prochain », car c'est renier la communauté et se résoudre à la séparation.
Épiphane.

Dans son livre sur la gnose, Leisegang écrit, à propos des sectes d'Alexandrie et de l'attitude générale des gnostiques devant le monde : « ... Aversion pour l'amour et ses suites, justification d'une contre-nature promue nature, élimination de l'effort, sentiment de ne pouvoir être compris que d'un sur mille, mégalomanie, comportement asocial, traits caractéristiques du décadent. » En relisant cette phrase, je prends conscience d'une évidence qui m'avait jusqu'à ce jour totalement échappé : c'est que je suis moi-même un décadent. La mégalomanie mise à part — tentation à laquelle je ne crois pas succomber — je fais miennes toutes les attitudes signalées dans ce texte. Je ne sais si elles ont aujourd'hui le même sens et la même portée qu'autrefois mais je ne peux m'empêcher d'éprouver un sentiment de familiarité, voire de solidarité, avec les tendances citées plus haut et tout ce qu'elles impliquent dans la vie. Si la décadence consiste vraiment à poser à ses contemporains les questions cruciales que leur posèrent les gnostiques, si elle consiste à voir dans les systèmes, les lois, les institutions les produits d'un mécanisme aliénateur, si elle implique, enfin, une attitude de doute, de refus ou d'insoumission à l'égard des systèmes, alors vive la décadence! Car loin d'être la conséquence d'une démission ou d'une résignation devant l'inévitable, loin d'être une fuite devant la complexité du monde, elle apparaît au contraire comme une interrogation lucide qui ne veut rien laisser dans l'ombre, et l'ambition, hautaine sans doute, de mettre en question les solutions philosophiques ou religieuses proposées jusqu'alors à l'homme. En un sens, ce radicalisme et cette intransigeance — joints aux comportements choquants par lesquels ils se traduisaient dans la vie quotidienne — sont à l'origine de l'échec des gnostiques. Cet échec — tout au moins sur le plan historique et institutionnel — était inscrit dans la nature même de la gnose. Car cette contre-nature que prônaient les gnostiques, cette contre-vie qu'ils prétendaient mener sur tous les plans possibles, impliquaient à leur tour un système — ou un anti-système — qui s'épuisa justement dans son propre refus d'exister et de se constituer. En voulant briser les institutions existantes sans rien proposer d'autre qu'une sorte d'éclatement de désir éperdu, les gnostiques durent se heurter très vite à cette évidence, imprévue sans doute : savoir que toute anti-société doit elle aussi réinventer ses propres lois si elle prétend durer. Mais les gnostiques se souciant peu d'instituer des écoles durables, et n'ayant d'autre but que de fuir les lourdes chaînes de ce monde, n'accordèrent aucune importance à leur propre organisation et se vouèrent d'eux-mêmes à l'éphémère. Cette désaffection viscérale pour toute mise en ordre de leur propre révolte, ce refus d'en tirer les conséquences implicites ici-bas, expliquent que ces sectes n'aient eu qu'une durée très brève, qu'elles se soient effacées de l'histoire comme ces nuées qui se forment soudain dans une atmosphère saturée et s'évanouissent aussi soudainement, nuages éphémères du ciel mystique. On peut, sans grand risque d'erreur, prévoir qu'en cette ville saturée d'expériences, de gnoses, de messages, d'écoles et de sectes qu'était Alexandrie, les groupuscules gnostiques allaient fourmiller, surgir et disparaître à chaque génération, chacun porteur d'une histoire intense, d'un message inspiré et d'une mort évidente. C'est un des traits curieux — mais non surprenants — de cette histoire : elle se refait sans cesse, comme une chaîne invisible où, pour qu'un anneau naisse, il faut qu'un autre meure.

Rien, à mon sens, ne dévoile davantage cette évidence que l'histoire si curieuse de la secte des Carpocratiens. Ils vécurent à Alexandrie en même temps que Basilide et Valentin sans que l'on puisse, d'ailleurs, en dire beaucoup plus sur eux. Ces figures des maîtres gnostiques sont si vagues, si incertaines, si peu cernées par les auteurs du temps — qui s'attaquaient surtout à leur enseignement et n'ont jamais pensé à les décrire en tant qu'individus — qu'il est impossible d'imaginer leurs traits. Sans doute ressemblaient-ils, dans leur apparence extérieure, aux philosophes de la Grèce dont ils reprirent parfois l'enseignement. Mais comment s'habillaient-ils exactement ? Que mangeaient-ils ? Où vivaient-ils ? Comment enseignaient-ils ? Aucun auteur, ni païen ni chrétien, ne s'en préoccupa. On sait seulement, par des témoignages indirects, qu'ils recrutaient leurs fidèles dans les mêmes milieux que les prédicateurs chrétiens et qu'au IIe siècle, ces milieux ne pouvaient être que les cercles cultivés, hellénisés d'Alexandrie. La seule chose certaine, en ce qui concerne leurs écoles, c'est que les femmes y jouaient un grand rôle, non seulement en tant que « partenaires » mais en tant qu'initiées et qu'initiatrices.

Des trois grands maîtres gnostiques alexandrins, le plus attachant et le plus singulier semble avoir été Carpocrate. Il était grec, originaire de l'île de Céphalonie et l'on connaît le nom de sa compagne : Alexandreia, et de son fils : Épiphane. Élevé dès son plus jeune âge dans la philosophie platonicienne et l'enseignement gnostique, Épiphane devint très tôt un véritable maître, d'une précocité étonnante. Il mourut en effet à dix-sept ans, laissant un traité *Sur la Justice* dont Clément d'Alexandrie cite un assez long passage. On transporta son corps dans son île natale où il fut enterré avec des honneurs divins. Telles sont les seules images historiques suggérées par les contemporains sur les fondateurs de la secte : celle d'un couple éminemment averti et instruit et celle d'un adolescent au savoir encyclopédique et au génie précoce, Rimbaud gnostique.

Si l'on excepte la doctrine assez singulière qu'ils professaient sur la métempsycose et la transmigration des âmes, l'enseignement des Carpocratiens ne se distingue pas particulièrement de celui des autres gnostiques. Pourtant, les auteurs chrétiens s'acharnèrent contre eux avec une rage à laquelle on doit d'ailleurs de posséder sur leurs pratiques un certain nombre de détails. C'est que les Carpocratiens poussaient jusqu'à leurs conséquences extrêmes — théoriques et pratiques — les principes essentiels de la gnose et appliquaient, *stricto sensu*, l'enseignement de Carpocrate et d'Épiphane. Ce monde, à leurs yeux, est l'œuvre d'anges inférieurs qui détournèrent totalement à leur profit la volonté et les intentions du vrai Dieu. Et ce « détournement d'intentions » eut deux conséquences notables : dénaturer le désir du coït, que Dieu avait mis chez l'homme et les êtres vivants, pour l'asservir aux lois de la société et épuiser, détruire la Loi divine en suscitant les lois particulières et fragmentaires de ce monde. La logique de cet enseignement est claire : pour retrouver la source pure du désir et la Loi véritable, les Carpocratiens doivent violer, partout et en toute occasion, les lois trompeuses de ce bas monde. C'est l'immoralisme érigé en système rationnel, l'insoumission totale élevée au rang de voie libératrice, bref ce qu'un auteur chrétien du temps traduit par cette phrase : « L'homme pour être sauvé, doit selon eux perpétrer toutes les ignominies possibles. »

Toutefois, l'aspect le plus intéressant de cette pensée subversive, c'est que les Carpocratiens s'en sont pris tout particulièrement aux formes sociales de ce détournement, à l'injustice et à son expression majeure : la propriété. Pour Épiphane, la Loi divine était une loi de Justice et d'Égalité. Dieu ne voulait pas que les biens de ce monde soient inégalement partagés entre les hommes. Aussi, Épiphane revendique-t-il l'abolition de toute propriété, le retour à la communauté intégrale des êtres et des biens, c'est-à-dire des richesses et des femmes. Il faut citer ici l'admirable texte (écrit, je le rappelle, entre quinze et seize ans) par lequel, en une vision naïve mais impressionnante, il dénonce l'injustice de ce monde et la constante iniquité des lois humaines.

« En quoi consiste la Justice ? En une communauté d'égalités. Un ciel commun se déploie sur nos têtes et recouvre la terre entière de son immensité, une même nuit révèle à tous indistinctement ses étoiles, un même soleil, père de la nuit et engendreur du jour, brille dans le ciel pour tous les hommes également. Il est commun à tous, riches ou mendiants, rois ou sujets, sages ou fous, hommes libres ou esclaves. Dieu lui a fait déverser sa lumière pour tous les êtres de ce monde afin qu'il soit un bien commun à tous : qui oserait vouloir s'approprier la lumière du soleil ? Ne fait-il pas pousser les plantes pour le profit commun de tous les animaux ? Ne répartit-il pas sa justice également entre tous ? Il ne fait pas croître les plantes pour tel ou tel bœuf mais pour l'espèce des bœufs, pour tel ou tel porc mais pour tous les porcs, pour telle ou telle brebis mais pour toutes les brebis. La justice, pour les animaux, est un bien qu'ils possèdent en commun.

Et tout ce qui existe et ce qui vit est soumis à cette loi de justice et d'égalité. La nourriture fut répandue pour tous les êtres vivants, indistinctement et sans privilégier aucune espèce. De même pour la génération. Il n'existe pour elle aucune loi écrite car cette loi, fatalement, serait fausse. Les animaux procréent, engendrent et s'accouplent selon les lois d'une communauté qui leur fut inculquée par la justice. Le Père du Tout a donné la vue à tous et sa seule loi fut celle de la justice, sans établir de distinction entre mâle et femelle, homme ou femme, êtres raisonnables ou êtres sans raison. Quant aux lois de ce monde, ce sont elles justement qui nous ont appris à agir contre la loi. Les lois particulières fragmentent et détruisent la communion avec la loi divine. Comment comprendre cette parole de l'apôtre : "Je n'ai connu le péché que par la loi", si ce n'est que les mots *le mien*, *le tien* sont entrés dans ce monde par les lois et que ce fut la fin de toute communauté ? Pourtant ce que Dieu a créé, il l'a créé pour tous et en commun, vignes, céréales et tous les fruits. A-t-on vu des vignes chasser les passereaux et les voleurs ? Mais du jour où la communauté n'a plus été comprise comme une égalité et fut déformée par les lois, ce jour-là est né le voleur.

« De même, Dieu a créé le plaisir d'amour également pour tous les hommes et il a fait s'accoupler le mâle et la femelle pour manifester sa justice par la communauté et l'égalité des plaisirs. Mais les hommes ont renié ce par quoi ils existent et ils disent : "Que celui qui a pris une épouse la garde pour lui seul" alors que tous devraient y avoir part. » Et Épiphane ajoute : « Dieu a mis en chaque homme un désir impétueux et puissant pour propager l'espèce et aucune loi, aucune coutume ne saurait l'exclure de ce monde car c'est Dieu qui l'a institué. Aussi la parole qui dit : "Tu ne convoiteras pas le bien de ton prochain", est-elle une parole absurde. Comment ce même Dieu qui a donné à l'homme le désir le lui reprendrait-il ensuite ? Mais la plus absurde de toutes les lois du monde est encore celle qui ose dire : "Tu ne convoiteras pas la femme de ton prochain", car c'est renier la communauté et se résoudre à la séparation. »

Ces mots, ces phrases, ces idées, nous les avons déjà lus et entendus depuis longtemps. Ils rendent un son familier, expriment une exigence que proclamèrent, bien avant Épiphane, Antigone, Épicure, Diogène et après lui, bien des penseurs et philosophes utopistes. Mais c'est moins la naïveté, l'illusion idéologique de cette pensée qui importent à nos yeux — cette attitude rousseauiste devant ce viol, cette injustice qu'est toute appropriation — que les conséquences entrevues par les disciples d'Épiphane. Car nul doute qu'ils n'aient appliqué ces principes, pratiqué la libre communauté des femmes et des biens. L'effroi des auteurs chrétiens, l'horreur qu'on devine dans leurs témoignages, suffit à l'attester. Nul doute aussi qu'ils n'aient opposé aux institutions : mariage, famille, Église, pouvoir sous toutes ses formes, une fin de non-recevoir accompagnée d'un mépris souverain.

Telle était donc pour les Carpocratiens la tâche première du gnostique : épuiser la substance du mal en le combattant avec ses propres armes, pratiquer ce que l'on pourrait appeler une ascèse homéopathique. Puisque le mal nous entoure et nous broie, épuisons-le en le commettant, attisons le feu des interdits pour les brûler et les muer en cendres, consumons en la consommant (et il n'y a qu'un pas — ou que deux lettres — entre la consommation et la consumation) la perversité inhérente au monde matériel.

Cette doctrine « homéopathique » du salut explique un des aspects les plus curieux de l'enseignement carpocratien : la croyance à la métempsycose. Si, au cours de cette vie, l'âme n'a pas réussi à tout éprouver avant sa mort, s'il lui reste des interdits à affronter, une part de mal à épuiser, alors, il lui faudra revivre dans un autre corps jusqu'à ce « qu'elle ait acquitté son dû à tous les maître du cosmos ». Cette menace — qui a tout d'une malédiction —, suspendue sur les vies futures du disciple, devait à coup sûr l'inciter à franchir le grand pas tout de suite, à « en finir » dès cette vie avec les maîtres du cosmos, à « éponger » en une seule fois, c'est-à-dire en une seule existence, ses dettes à l'égard du mal. Contrairement à l'idée qu'on pourrait s'en faire, il s'agit bien là d'une ascèse et non d'une partie de plaisir. Les Carpocratiens n'ayant jamais posé, dans leur enseignement, que l'homme était mauvais — mais seulement ce monde détourné par les anges inférieurs — il s'ensuit que le disciple devait éprouver les mêmes sentiments qu'Épiphane devant l'injustice de la terre et la justice du ciel et qu'il lui en coûtait sûrement de commettre le mal. Si l'amour libre, les « orgies » communes — terme employé par les auteurs chrétiens — étaient certainement une ascèse plutôt agréable et sans doute recherchée, il ne devait pas en être de même pour d'autres formes de « consommation », sur lesquelles d'ailleurs nous ne savons à peu près rien. Pratiquaient-ils systématiquement l'inceste, l'avortement, voire l'infanticide (comme le firent d'autres sectes dont nous reparlerons) ? Saint Irénée nous apprend qu'une disciple de Carpocrate, du joli nom de Marcellina, vint à Rome pour y répandre son enseignement « avec des icônes peintes, rehaussées d'or, représentant Jésus, Pythagore, Platon et Aristote ». Quelle que fût la propension gnostique à déformer les textes évangéliques — et au besoin à les récrire — on ne pouvait faire dire à Jésus : « Laissez venir à moi les petits enfants pour les assassiner. » Les légendes qui couraient à ce sujet dans les milieux païens sur « les rites abominables des chrétiens », entendons par là la consommation de fœtus et autres banquets de ce genre, reposent en fait sur un malentendu. Ce qui semble sûr, c'est qu'en cas de fécondation inopportune, les Carpocratiens n'hésitaient sans doute pas à pratiquer l'avortement. De nombreux documents gnostiques sont clairs à ce sujet. Mais la nature de leur enseignement déconseillait la procréation : pourquoi faire venir au monde un être auquel il faudrait enseigner plus tard que sa seule tâche sera de le fuir au plus vite ? Dans ces communautés où l'on pratiquait l'amour en commun, des « accidents » survinrent certainement. Mais on ne peut trouver nulle part, dans les textes carpocratiens, un encouragement quelconque à la procréation ni à l'infanticide.

Un détail pourtant me semble intéressant dans le témoignage porté sur les Carpocratiens par les auteurs chrétiens, saint Irénée surtout et, plus tard, Eusèbe de Césarée. C'est l'emploi, au cours des orgies et des banquets communs, d'ingrédients et de drogues divers. « Ils pratiquent aussi la magie, nous dit saint Irénée, les incantations, les philtres amoureux et les agapes, l'évocation des esprits des morts et des esprits des rêves, les autres formes de nécromancie, car, disent-ils, ils ont pouvoir sur les princes et sur les créateurs de ce monde et sur toutes les autres créatures. Ils ont à ce point lâché la bride à leurs aberrations qu'ils prétendent avoir toute liberté de commettre toute action qui leur plaît car c'est la loi humaine, disent-ils, qui distingue ce qui est bon et ce qui est mauvais. Aussi les âmes doivent, en passant d'un corps à un autre, épuiser toutes les expériences. Je n'ose ni dire ni entendre ni même penser que de telles choses se soient passées dans nos villes. Mais leurs écrits le disent : L'âme doit avoir tout éprouvé avant la mort. » Et saint Irénée précise un peu plus loin : « Cela fait, elle n'aura plus besoin d'un corps. Et ils ajoutent que Jésus a enseigné à ses apôtres une doctrine secrète et qu'il les a chargés de la transmettre à ceux qui sauront la comprendre. C'est la foi et c'est l'amour qui sauvent. Tout le reste est indifférent. »

De ces textes ressort une évidence : les orgies carpocratiennes reposaient en fait sur un rituel. Ce rituel faisait appel à la magie, aux philtres, à la nécromancie. On est très loin, ici, de Basilide et de Valentin. Mais on se rapproche par contre de Simon le Mage qui usait de « sortilèges » et accomplissait « maints prodiges ». Il faut évidemment se dire que les auteurs chrétiens qui — à une exception près dont nous reparlerons — ne disposèrent que de témoignages indirects, ont pu se méprendre sur le sens et la nature de ces rites ou même confondre les Carpocratiens avec quelque autre groupe hermétiste, non gnostique. Pourtant, l'emploi de philtres — probablement aphrodisiaques — donne une indication intéressante car on le retrouve dans d'autres sectes. En dehors de l'usage des aphrodisiaques, de l'encens et de divers breuvages ou philtres, il ne semble pas en tout cas que les Carpocratiens aient utilisé des drogues à proprement parler. Et ces pratiques magiques n'étaient de toute façon qu'accessoires dans la doctrine carpocratienne. Ce qui la marque — et ce qui marque au-delà du rituel l'enseignement lui-même — c'est cet appel ouvert, obstiné, à l'insurrection charnelle et sociale, ce mépris absolu de toutes les lois et règles de ce monde, derrière lesquels se dessinent, tentant de déchiffrer les paroles embrouillées de la nuit et du temps, ces figures d'hommes éminents et le message solaire et radieux d'Épiphane.

LA CENDRE ET LES ÉTOILES

Je suis la voix du réveil dans la nuit éternelle.

Hymne gnostique.

Saint Épiphane, à qui nous devons le seul témoignage direct sur une communauté gnostique, dresse dans son ouvrage *Panarion* ou *Boîtes à remèdes contre les hérésies*, une liste des sectes connues de lui à son époque, c'est-à-dire au IVe siècle : il y en a soixante. Cette liste n'est sûrement pas limitative mais après tout, peu importe le nombre exact de sectes gnostiques qui se répandirent dans tout le Proche-Orient à partir du IIIe siècle. Ce fourmillement, cet émiettement n'ont rien de surprenant. Nous en avons vu les raisons.

En dépit de leur multitude et du caractère souvent embrouillé de leur cosmologie, ces sectes ont toutefois un point commun : elles sont toutes gnostiques, c'est-à-dire qu'elles proposent, pour expliquer la genèse et l'histoire du monde, un même schème directeur, où l'on retrouve les mêmes archétypes, la même tragédie primordiale, la même scission de l'univers en un monde inférieur de ténèbres et un monde supérieur de lumières. Seuls changent, d'une cosmologie à l'autre, les processus par lesquels se produit cette séparation aliénatrice et les personnages célestes — Éons, Archontes, Mère, Père, Sophia, Barbélo — qui y sont impliqués.

Inventorier ces différences, parcourir en détail, à la façon d'un naturaliste des âmes, ce maquis des sectes gnostiques est hors de propos dans ce livre. Mieux vaut tenter de saisir, dans les visions archétypales qui les fondent et dans les rites et attitudes quotidiennes qui en procèdent, les points communs qui les différencient de tous les autres systèmes religieux de leur temps. Car ce qui apparaît essentiel chez tous ces groupes, c'est bien ce refus radical du monde, cette angoisse existentielle devant le sort de l'homme, l'urgence de se créer une âme, et ce sentiment, si gnostique, que *tout est donné à l'homme dès sa naissance mais que rien n'est acquis pour autant*. Les rites, les pratiques, les initiations auxquels ils se plièrent ne furent pas des jeux gratuits destinés à meubler leurs loisirs et à justifier leurs spéculations, mais des ascèses authentiques, des techniques singulières et vitales destinées à vaincre les pièges du néant et forcer les portes d'immortalité.

Parmi toutes ces sectes, trois d'entre elles apparaissent d'emblée très voisines : les Ophites, les Séthiens, les Pérates. Les spécialistes de la gnose ergoteront sans doute sur ce rapprochement, mais si je les rassemble ici et même les identifie, c'est que toutes trois proposent une vision presque identique des mécanismes aliénateurs de ce monde à partir d'une même image archétypale : celle du Serpent.

C'est d'ailleurs du mot grec *ophis* signifiant serpent que les Ophites tirent leur nom. Pour eux, toute l'histoire du monde commence et s'achève par le Serpent. Sous sa forme la plus accomplie, la plus universelle aussi — celle du serpent qui se mort la queue —, il symbolise le devenir de l'univers, le cycle continuel qui va de l'Un au Tout et qui revient du Tout à l'Un. Cette formule a tout d'un énoncé abstrait et arbitraire mais, en fait, elle exprime une réflexion des plus concrètes, commune à bien des peuples de la terre : savoir que les méandres et les enroulements du serpent symbolisent la loi inhérente à ce monde dont ils sont à la fois l'image et le signe. Tout serpent qui se mord la queue devient un cercle, cercle que les gnostiques retrouvent à tous les niveaux : niveau cosmique où il a pour nom Léviathan et entoure de ses anneaux l'ensemble de l'Hebdomade, les sept cercles planétaires allant de la Terre à Saturne, constituant ainsi l'anneau séparateur entre le domaine de l'ombre et celui de la lumière ; niveau terrestre où, sous le nom d'Océan, il entoure notre planète de ses méandres comme un fleuve gigantesque (et l'on sait l'analogie existant entre l'eau, le fleuve et le serpent) ; niveau humain enfin où ses replis constituent les intestins, lieu de la métamorphose des aliments et de l'entretien de la vie.

Ainsi, le serpent réside partout, à tous les niveaux de l'univers créé, dans le corps de l'homme, aux extrémités de la terre et aux confins du ciel. Il entoure, sépare, protège et assume tous les processus de la vie. Bien entendu, on retrouve également cette image, objectivée, dans les mythes et les spéculations gnostiques. Où découvre-t-on le serpent si ce n'est aux sources (au sens propre et figuré) de toute jouvence et de toute connaissance, aux racines (où les serpents aiment à se nicher) des arbres de Vie ? C'est justement parce qu'il possède ce double pouvoir de surmonter la mort (par ses métamorphoses successives) et de posséder la connaissance primordiale quant à la vraie nature du monde que le serpent apparaît aux yeux des gnostiques comme le premier Initiateur de l'homme, et, aussi, le premier Révolté de l'histoire. C'est lui qui, dans l'Éden, se dresse contre l'ordre autoritaire de Jéhovah le faux Dieu, et livre à l'homme les secrets de sa naissance et de son destin.

Dans la cosmologie gnostique, cette réflexion n'en reste pas là. Il est curieux de voir comment les sectes mentionnées plus haut imaginaient le procédé utilisé par le serpent pour « libérer » Adam et Ève. Tout simplement en « séduisant » Ève dans l'Éden, c'est-à-dire en la pénétrant. Mais, disent les Séthiens, le serpent « séduit » également Adam de la même manière. Autrement dit, il déflora, par les béances appropriées, les deux ancêtres de l'humanité, leur procurant ainsi la double découverte du plaisir et de la connaissance. Cet acte, pour les gnostiques, avait évidemment valeur d'exemple et nul doute que certains gnostiques n'aient, en son nom, pratiqué *aussi* la sodomie, comme une ascèse répétitrice de l'acte premier du Serpent, ouvrant les « voies » de la connaissance et dessillant ainsi les yeux aveugles de la chair. On conçoit que les chrétiens aient été horrifiés par cette interprétation particulière de la *Genèse* et par les conclusions que les gnostiques en tiraient ! Mais il est hors de doute, aussi, que cette pratique de la sodomie, en tant qu'exploration, consommation, consumation de toutes les formes de l'Éros, n'était qu'une technique parmi d'autres : coït normal, lesbianisme, et sans doute fellatio (pour appliquer au sens strict l'image du serpent se mordant la queue), de l'ascèse érotique. Le terme d'*inversions* employé curieusement par les sexologues pour désigner ces pratiques érotiques hétéromorphes eût certainement ravi les gnostiques : leur but, en ce domaine comme en tous les autres, n'était-il pas justement d'opérer une inversion totale des valeurs et des rapports entre l'homme, le monde et ses semblables ?

Les Pérates, eux, tirent leur nom du grec *péran* qui signifie : franchir, traverser. Ils se sont d'ailleurs expliqués eux-mêmes sur ce terme : « Nous sommes les seuls à connaître les lois de la génération et la voie par laquelle l'homme est entré en ce monde et nous sommes donc les seuls à savoir y marcher et à pouvoir franchir la corruption. » Ce franchissement, les Pérates l'obtenaient sans doute par les mêmes techniques érotiques hétéromorphes répétitrices de l'acte premier du Serpent qui demeure pour eux le symbole essentiel de leur cosmologie et de leur sotériologie : « Tout comme l'aimant attire seulement le fer, tout comme l'ambre attire à lui les rognures de papier, le Serpent ramène de ce monde, à l'exclusion de toute autre, la race parfaite formée à l'image du Père, de même essence que Lui, telle qu'Il l'envoya ici-bas. »

Quant aux Séthiens, qui tiraient leur nom de Seth le troisième fils d'Adam, engendré après la mort d'Abel (non d'Ève mais de la démone Lilith, d'après les traditions hermétistes), ils ont développé une cosmologie très proche de celle des Ophites et des Pérates mais en insistant davantage encore sur l'élément sexuel. A travers leurs textes, l'histoire entière du monde apparaît comme un véritable roman érotique, une cosmique fornication entre les puissances originelles et les Éons de l'univers.

Si l'on voulait analyser en profondeur la vision érotique des Séthiens, on pourrait dire qu'ils privilégient surtout le sexe féminin — notamment par l'importance accordée à l'œil, reflet du pneuma divin, lieu du coït entre les ténèbres et la lumière, matrice où, telle une semence d'en haut, se déposa l'émulsion lumineuse du vrai Dieu — alors que les Ophites et les Pérates, par leur exaltation du serpent, privilégient le sexe masculin. Cette prédominance du sexe féminin, on la retrouve dans leur image du monde où l'univers tout entier est conçu comme une matrice portant, sous formes d'empreintes, les virtualités de toutes les créatures — tout comme, disent-ils, on peut voir le ventre d'une femme gravide marqué de vergetures, d'empreintes de la future vie. Cette image du ventre gravide, ils la retrouvent alors dans celle du ciel et de la terre — par la forme voûtée de l'un et la rotondité de l'autre. Regarder un ventre de femme enceinte, c'est regarder une réduction de l'univers. Et tout est si lié, si imbriqué dans ces analogies révélatrices que l'accouchement de la femme, les efforts qu'elle doit faire pour expulser l'enfant reproduisent exactement, aux dires des Séthiens, les contractions, le processus obstétrique par lequel ce monde lui-même est venu à l'existence. Ils l'évoquent à travers l'image de la mer, se gonflant, se dégonflant, se couvrant de vagues successives sous la fureur du vent. Car c'est d'une vague qu'est né l'homme, une vague qui, sous l'impulsion fécondatrice du vent, du Souffle divin, s'éleva vers le ciel, y reçut la semence de l'Esprit et chuta, grosse de tous nos destins, sur les rivages de ce monde. Écumes, vents, tourbillons, cris matriciels des flots lourds des semences du ciel, enfantement torrentueux opéré au milieu des cyclones du Pneuma, du Vent qui, là encore, se fond en l'image du Serpent : « ... car le Vent impétueux et terrible déroule ses tourbillons comme un Serpent ailé déroulant ses anneaux. Et c'est par ce vent, par ce Serpent ailé que commença la création. La lumière, le Pneuma furent reçus dans la matrice chaotique des eaux et le Serpent, le vent des ténèbres, le Premier-né des eaux y pénétra et la matrice engendra l'homme. » Ainsi se répète partout, sur terre, au pied de l'arbre de vie ou dans les eaux, près des rivages du premier monde, le coït reptilien auquel nous devons d'exister.

Il est facile d'imaginer que cette cosmologie ophidienne, ce rôle attribué au serpent comme géniteur, initiateur, déflorateur, trouvaient leur expression dans les pratiques rituelles de ces sectes. Saint Épiphane décrit en effet un rite ophidien, qui semble se rapporter aux Ophites et dont voici le déroulement.

Au centre de la salle d'initiation, on apporte des pains qu'on accumule sur une table. On apporte ensuite un coffret contenant un serpent apprivoisé. On l'ouvre, on prend l'animal, on le dépose sur les pains en récitant les prières d'usage. L'animal s'y déroule, s'y déplace et ce simple contact, avec l'efficience de la prière, suffit à consacrer les pains. On les prend, chacun communie en mangeant un morceau, après avoir baisé le serpent sur la bouche. On confère donc à ce dernier les mêmes pouvoirs que les paroles de consécration dans la liturgie chrétienne : transformer les pains en eucharistie.

Ce simple rite — et toute la cosmologie qu'il implique — traduit bien l'abîme qui sépare déjà les gnostiques des chrétiens. Pour ces derniers, le serpent est l'animal maudit par excellence. Pour les gnostiques, il est l'élu. On voit ainsi se dessiner ce mécanisme d'*inversion des valeurs et des signes*, aspect de cette contre-vie menée par les gnostiques, mécanisme qui va privilégier, investir de pouvoirs, de lumière, d'efficience, tous ceux que la tradition orthodoxe traite comme des maudits : Seth, le Serpent, Caïn. Ce sont eux, ces premiers Révoltés de l'histoire du monde, que les gnostiques élèveront à la plus grande dignité et dont ils feront les fondateurs de leur secte et les auteurs de leurs livres secrets. *L'histoire mythique se mue ainsi en une contre-histoire qui dresse au premier plan les grands Rebelles.* Il existait, par exemple, une secte des Caïnites qui vénérait Caïn parce qu'il avait tué son frère, renié les liens du sang et tenté, le premier, de s'opposer à l'une des premières lois aliénatrices de ce monde : celle de la famille. Il serait faux d'en conclure pour autant que les Caïnites prônaient et pratiquaient le fratricide. Ce qu'ils devaient vénérer en Caïn — comme le faisaient les Ophites, les Séthiens, les Pérates, avec le serpent — c'est une image, un modèle mythique, un acte de refus dont le sens était pour eux positif parce qu'il s'opposait — *en un temps où tout était encore possible* — à l'ordre du monde mauvais. Ensuite, il n'en fut plus de même et les Caïnites n'eurent d'autre ressource que le refus de procréer, de fonder des familles, de se soumettre à l'ordre aliénateur des communautés légales et constituées. Mais dans chaque cas, ce refus a toujours le même sens : essayer de reconstituer l'unité originelle du monde, de retrouver ce temps où rien encore n'était divisé, de posséder à nouveau l'innocence édénique. Cela explique la nature variée, déroutante des terrains où chaque secte choisit de combattre les fragmentations de ce monde. Certains de ces terrains étaient purement symboliques. Ainsi ces Adamites dont parle saint Augustin, qui pratiquaient la nudité rituelle et « s'assemblent nus, hommes et femmes ; nus, ils écoutent les sermons, nus ils prient, nus ils célèbrent les sacrements et disent qu'ainsi leur église est le paradis». Ou ces Saccophores, c'est-à-dire les Vêtus de sacs, qui s'en prenaient au vêtement aliénateur et s'habillaient de sacs, de défroques, de tout ce qui pouvait refuser — on dirait aujourd'hui contester — la séparation entre riches et pauvres à partir des vêtements.

Chaque secte choisit donc son propre terrain d'action — si humble soit-il en apparence — et certaines se cantonnèrent dans cette insoumission partielle. Mais le terrain le plus probant, le plus chargé de scandale, de révolte et de libération, est encore le domaine du sexe. C'est celui que choisirent délibérément quelques sectes curieuses, qu'on appelle, d'un terme bien impropre, les gnostiques licencieux.

Lorsque saint Épiphane se rendit en Égypte, vers l'année 335, pour y suivre l'enseignement des Pères du désert, il séjourna d'abord à Alexandrie et c'est là qu'il fit une expérience, à ses yeux malheureuse, à laquelle on doit pourtant de posséder le seul témoignage direct et vécu sur une secte gnostique. Épiphane avait alors vingt ans et, semble-t-il, toutes ses illusions. Ceci explique qu'il n'ait point vu malice dans les propositions de quelques jeunes et jolies gnostiques qui le persuadèrent qu'elles seules détenaient la voie de son salut. Il les suivit, fut introduit parmi les membres de la secte, prit connaissance de quelques ouvrages qu'on lui donna à lire et assista, une seule fois probablement, à l'un des rituels du groupe. Il s'en remit difficilement et, horrifié, courut dénoncer à l'évêque d'Alexandrie les scènes dont il avait été témoin. A la suite de son intervention, quatre-vingts gnostiques furent excommuniés. Notons incidemment que cela nous renseigne déjà sur l'importance de cette secte. Le recrutement était confié à ces « vases d'élection », ces « urnes de félicité » qu'étaient les plus jolies des gnostiques et il devait être suffisamment efficace puisque la seule secte en question avait au moins une centaine de membres. Notons aussi que ces gnostiques se disent chrétiens, font partie de l'Église jusqu'au jour où, par l'intervention d'Épiphane, ils en seront chassés.

La secte en question était une de celles qu'on groupe sous le nom générique de Barbélognostiques. J'en résume brièvement la doctrine car elle est essentielle à la compréhension des scènes qui vont suivre.

Ils tiraient leur nom de Barbélo, puissance féminine qui vivait dans le huitième ciel (le cercle supérieur de l'Ogdoade) d'où elle commandait aux Archontes. Elle-même était issue du Père inconnu, du vrai Dieu. Elle engendra un fils du nom de Sabaoth qui régna sur le septième ciel. Et c'est ici que tout se gâte. Car Sabaoth, au lieu de reconnaître l'autorité de sa Mère et de se soumettre au vrai Dieu, se prit lui-même pour le vrai Dieu et prétendit régenter toute la création. Il s'exprime d'ailleurs clairement à ce sujet : « Je suis, dit-il, l'Éternel. Il n'y a pas d'autre Dieu que moi. » Devant cette usurpation, Barbélo comprend que le devenir du monde est faussé et qu'il lui faut réparer les conséquences de cette insubordination. Comment ?

En séduisant un à un les Archontes pour les soustraire à l'influence de Sabaoth. « Elle se manifesta à eux, dit le texte barbélognostique, sous une forme impressionnante, les séduisit et recueillit leur sperme afin de ramener en elle sa Puissance dispersée dans les différents êtres. » Tel est l'acte premier par lequel s'inaugure le salut du monde : il faut « récupérer » la puissance de Barbélo, fragmentée en chaque être sous les espèces du sperme et reconstituer l'unité primordiale.

Il n'est pas difficile, alors, d'imaginer en quoi pouvait consister le rituel barbélognostique : en une répétition de l'acte de Barbélo, autrement dit en une récupération du sperme de chaque vivant. C'est à ce rituel qu'assista, horrifié, Épiphane.

« Ils mettent leurs femmes en commun, et au cas où quelqu'un d'étranger surviendrait, ils ont, d'hommes à femmes et de femmes à hommes, un signe de reconnaissance : en se donnant la main, ils se chatouillent la paume, signe que le nouveau venu appartient à leur religion. Dès qu'ils se sont ainsi reconnus, ils se mettent aussitôt à banqueter. Ils servent des mets recherchés, mangent de la viande, boivent du vin, même les pauvres. Quand ils sont bien repus et se sont, si je puis dire, remplis les veines d'un surplus de puissance, ils passent à la débauche. L'homme quitte sa place à côté de sa femme et dit à celle-ci : "Lève-toi et accomplis l'agapê (l'union d'amour) avec le frère." Les malheureux se mettent alors à forniquer tous ensemble et bien que je rougisse à la seule idée de décrire leurs pratiques immondes, je n'aurai pas honte de les dire puisqu'ils n'ont pas honte de les faire. Donc, une fois qu'ils se sont unis, comme si ce crime de prostitution ne leur suffisait pas, ils élèvent vers le ciel leur propre ignominie : l'homme et la femme recueillent dans leur main le sperme de l'homme, s'avancent les yeux au ciel et, leur ignominie dans les mains, l'offrent au Père en disant : "Nous t'offrons ce don, le corps du Christ." Puis ils le mangent et communient à leur propre sperme en disant : "Voici le corps du Christ, voici la Pâque pour laquelle souffrent nos corps, pour laquelle ils confessent la passion du Christ." Ils font exactement de même avec les menstrues de la femme. Ils recueillent le sang de son impureté et y communient de la même manière en disant : "Voici le sang du Christ." Mais tout en pratiquant ces promiscuités, ils enseignent qu'il ne faut pas procréer d'enfants. C'est par pure volupté qu'ils pratiquent ces actes honteux. Ils accomplissent l'acte voluptueux jusqu'à satisfaction, recueillent leur sperme pour l'empêcher de pénétrer plus avant puis ils mangent le fruit de leur honte. »

Faisons halte un instant et résumons ce rituel en termes moins offusqués : pratique de la communauté totale des femmes, d'agapês ou d'orgies au cours desquelles ces couples éphémères font l'amour indistinctement (il va de soi qu'aucun choix sentimental n'est impliqué dans ces actes qui sont, répétons-le, conçus comme une ascèse), pratique du *coïtus interruptus* pour éviter la fécondation et recueillir le sperme, enfin consécration du sperme transsubstancié en corps du

Christ et communion, autrement dit spermatophagie. Notons que ce rituel est strictement hétérosexuel, et n'implique aucune pratique sodomisante. Cette dernière voie eût pu paraître la plus simple pour détourner le sperme de la « voie dispersée » de la fécondation, mais le modèle archétypal l'interdit. Ce modèle implique au contraire la participation et probablement l'initiative féminine — à l'exemple de Barbélo — d'où on peut en induire l'usage probable de la fellatio, dont les yeux horrifiés d'Épiphane durent sans doute se détourner. Mais passons à la « suite » :

« Lorsque l'un d'eux a, par erreur, laissé sa semence pénétrer trop avant et que la femme tombe enceinte, écoutez ce qu'ils font de plus abominable encore. Ils extirpent l'embryon dès qu'ils peuvent le saisir avec les doigts, prennent cet avorton, le pilent dans une sorte de mortier, y mélangent du miel, du poivre, et différents condiments ainsi que des huiles parfumées pour conjurer le dégoût, puis ils se réunissent — véritable communauté de porcs et de chiens — et chacun communie de ses doigts avec cette pâte d'avorton. Le "repas" achevé, ils terminent par cette prière : "Nous n'avons pas permis à l'Archonte de la volupté de se jouer de nous mais nous avons recueilli l'erreur du frère." Cela est, à leurs yeux, la Pâque parfaite. Ils pratiquent encore toutes sortes d'abominations. Lorsque, dans leurs réunions, ils entrent en extase, ils barbouillent leurs mains avec la honte de leur sperme, l'étendent partout et, les mains ainsi souillées, et le corps entièrement nu, ils prient pour obtenir, par cette action, le libre accès auprès de Dieu. »

Il n'y a évidemment aucune raison de mettre en doute le témoignage d'Épiphane. S'il avait pu exister d'autres témoignages sur d'autres sectes, nul doute, qu'à quelques variantes près, on eût assisté aux mêmes scènes. Ces variantes — impliquées par le mythe fondateur qui diffère selon les sectes — pouvaient comporter la sodomie, l'inceste entre frères et sœur, la fellatio, et la fœtophagie. Cette dernière « variante » n'est mentionnée qu'à propos des Barbélognostiques mais ils ne durent pas en avoir le privilège et les rumeurs qui circulaient chez les Romains sur les abominations secrètes perpétrées par les chrétiens trouvent ici leur explication : elles concernent strictement certaines sectes gnostiques. Ces derniers se disant souvent chrétiens, les Romains ne firent aucune distinction entre vrais et faux adeptes du Christ, ce qui explique la confusion et le malentendu.

Malgré tout, on ne saurait s'en tenir de façon absolue au récit d'Épiphane. Les scènes qu'il décrit ont quelque chose d'insoutenable — en ce qui concerne au moins la consommation du fœtus car pour le reste les gnostiques n'ont rien innové — mais il faut se dire aussi que la pudibonderie, la naïveté, l'innocence et le refoulement de bien des auteurs chrétiens leur interdisaient d'aborder ces problèmes comme on peut le faire aujourd'hui : en les débarrassant de leur contexte éthique, de leur charge émotionnelle et en les regardant comme des formes connues de déviations sexuelles.

Ce qui différencie cependant les déviations gnostiques de celles qu'étudient les sexologues, c'est que chez eux, elles sont parfaitement conscientes, revendiquées et assumées jusqu'au bout en tant qu'ascèse ascensionnelle et libératrice. Si elles se heurtent à des interdits, c'est seulement dans la conscience des autres, non dans celle des gnostiques. Bien entendu, on ne manquera pas de rétorquer que les mythes et les délires fantasmatiques qui prétendent fonder ces pratiques sont justement la projection sublimée de leurs propres pulsions, et qu'ainsi on risque longtemps de tourner en rond. C'est fatalement ce qui se passe dès qu'on se trouve en face d'une déviation ou d'une inversion consciemment revendiquée et lucidement vécue par l'individu : où se situe exactement le point de départ du cycle, dans ce jeu de miroir qui renvoie de l'une à l'autre la pulsion inconsciente et sa revendication consciente ? Si l'on reprend l'image si révélatrice du serpent se mordant la queue, on voit bien où se situe ce point crucial, lieu de fusion entre la pulsion, sa traduction mystique et son reflet rituel : là où la bouche rejoint l'anus, lieu de jonction du fragmentaire et de l'unique (selon la terminologie gnostique), ou, en termes modestes, de l'inconscient morcelé et de la conscience totalisatrice. Je ne prétends pas ici justifier sur un plan quelconque ces pratiques singulières et j'avoue n'avoir pour certaines qu'un goût très relatif. Je n'ai jamais consommé de fœtus et je dois dire que jusqu'au jour où je lus le récit d'Épiphane, cette idée ne m'était pas venue, même sous forme onirique.

Mais on conçoit que, lorsque le contexte mythique de ces pratiques se fut perdu, que le système sotériologique qui les supposait fut totalement oublié, ces comportements aient pu dégénérer purement et simplement en rituel de magie noire et en pratiques lucifériennes. La messe noire n'est pas loin du rituel barbélognostique — pas plus loin en tout cas que Sabaoth ne l'est de Lucifer — et ce n'est pas un hasard si certains aspects de ces rites se retrouvent, jusqu'à nos jours, chez les sectes lucifériennes, assaisonnés de démonologie kabbalistique. On retrouve là l'ambivalence de toute l'attitude gnostique, cette perpétuelle tentation qui oscille entre l'ascèse rigoureuse et la débauche rigoureuse — puisque toutes deux ont la même valeur sotériologique — et qui se traduisit, dans l'évolution historique de la gnose, par les voies opposées du catharisme mystique (pour la première) et du luciférisme magique (pour la seconde).

Ce terme de Barbélognostiques désigne, comme on l'a dit, un ensemble de sectes qui durent avoir, à peu de chose près, les mêmes systèmes archétypaux et les mêmes pratiques. Ces sectes, qu'Épiphane énumère, comprenaient les Nicolaïtes, les Phibionites, les Stratiotiques, les Lévitiques, les Borborites, les Coddiens, les Zachéens et les Barbélites. Je voudrais m'arrêter sur deux d'entre elles, les Borborites et les Phibionites que certains auteurs chrétiens considéraient d'ailleurs comme identiques. La méfiance, l'horreur, le scandale suscités par ces sectes ne sont pas morts avec elles. Beaucoup de commentateurs chrétiens continuent, de nos jours encore, d'être parcourus par le même frisson d'épouvante et de répulsion que connut Épiphane, dès qu'il s'agit d'en parler et de les étudier. Ainsi, prenons le vénérable *Dictionnaire de Théologie Catholique* et ouvrons-le au mot *Borborites* :

« Gnostiques signalés comme des hommes d'une immoralité révoltante. Tertullien leur reproche leur exécrable obscénité et autres méfaits sacrilèges. Clément d'Alexandrie dit "qu'ils se vautrent dans la volupté comme des boucs et plongent leur âme dans la boue". C'est le mot boue – *borboros* – qui sert à qualifier ces hérétiques à cause de l'obscénité de leurs mœurs. De là vient qu'ils sont appelés immondes comme la boue. Se barbouillaient-ils réellement de boue ou n'est-ce qu'une métaphore ? » Après quoi, le *Dictionnaire* ajoute :

« On les appelle aussi Coddiens (du syrien *codda* : plat, plateau) car personne ne peut manger avec eux. On les sert à part comme des êtres souillés et nul ne peut rompre le pain avec eux, en raison de leur vie infâme. »

On notera tout de suite un fait : ces textes ne donnent aucune définition des sectes en question et se contentent de manier l'invective, le mépris et l'injure. Mais ils posent une autre question plus importante, quant aux noms qui désignent les sectes gnostiques. Ces noms, généralement, venaient moins des gnostiques eux-mêmes que de leurs adversaires. C'est un phénomène dont on peut retrouver l'existence de nos jours, à travers l'histoire des sectes et des hérésies politiques. On sait bien que les termes de déviationnistes, révisionnistes ou sociaux-traîtres ne définissent aucun groupe en tant que tel mais simplement des opposants dont le « déviationnisme » peut prendre les formes les plus diverses. Sur ce plan une étude détaillée des termes employés par les partis communistes orthodoxes, depuis un demi-siècle, à l'égard des hérétiques en tout genre éclairerait de façon inattendue l'histoire des premiers siècles de l'Église, car on y retrouve exactement les mêmes attitudes. Je ne mentionne ce fait que pour faire comprendre qu'un historien qui voudrait, dans quelques siècles, écrire l'histoire du groupe des Déviationnistes (à travers les seuls textes politiques orthodoxes), au cours des cinquante premières années du communisme, ne pourrait qu'écrire une fausse histoire pour la bonne raison qu'un tel groupe n'a jamais existé. Or on se trouve avec les gnostiques devant un problème analogue, et les noms qu'on leur donne sont souvent arbitraires. Prenons justement le cas des Borborites. Il pouvait s'agir soit d'une appellation infamante d'origine purement chrétienne — correspondant exactement à Boueux — ou d'un terme que les gnostiques ont utilisé pour eux-mêmes, mais alors dans un sens différent, pour désigner l'état premier et natif de l'homme, l'état *hylique* déjà signalé à propos des Valentiniens. Le mot peut par conséquent désigner soit n'importe quel être humain, soit, dans un sens plus restreint, l'état du disciple qui a rejoint un groupe gnostique mais n'est pas encore initié.

Cela semble plus vraisemblable encore avec les Coddiens. L'isolement dont parle le *Dictionnaire de Théologie Catholique* correspond sûrement, non à un châtiment infamant, mais à une pratique rituelle. Il peut s'agir du premier stade de l'initiation, consistant en une retraite rassemblant tous les candidats, marquée, comme dans tous les exemples connus de ce genre, par une rupture transitoire avec la communauté. Ce serait donc un terme intérieur à la gnose, terme que les auteurs chrétiens ont pris pour le nom d'une secte distincte. Les noms cités par Épiphane donnent sur ce plan quelques indications intéressantes. Ainsi, les Stratiotiques (ce qui signifie les Soldats), les Phibionites (ce qui signifie les Humbles) et peut-être les Zachéens seraient eux-mêmes des termes correspondant aux différentes étapes de l'initiation. D'après ce qu'il est possible de déduire de leurs mœurs et de leurs pratiques, les deux derniers états, Phibionites et Zachéens, équivaudraient à celui de Parfaits, d'Élus, stade ultime par lequel le gnostique accède à l'immortalité, l'indestructibilité, l'impossibilité définitive d'être atteint par aucune souillure.

Ce qui est certain, c'est que les Phibionites — qu'il s'agisse d'une secte constituée ou de Parfaits à l'intérieur d'un groupe portant un autre nom — avaient une façon bien à eux de prouver qu'ils étaient désormais inaccessibles aux souillures de la chair. Dans leur cosmologie, les cercles qui séparent la terre du Monde lumineux sont au nombre de trois cent soixante-cinq. Chacun d'eux est régi par un Éon. Pour épuiser la substance du mal, le Phibionite doit donc rendre son dû à chaque Éon et, par trois cent soixante-cinq fois, soustraire sa semence au cours de trois cent soixante-cinq unions avec trois cent soixante-cinq femmes différentes. Il n'y a rien là d'ailleurs que de très logique et seul le nombre des « consommations » est évidemment surprenant. Mais il est dicté par le mythe archétypal dont certains commentateurs pensent d'ailleurs qu'il est à l'origine des saints journaliers de notre calendrier. Quoi qu'il en soit, on saisit là l'étape ultime de la « licence » gnostique : consumer ce monde de la dispersion, de la fragmentation, de l'émiettement des étincelles divines et du Pneuma en consommant la semence de l'homme et les jours des Éons, en épuisant, jour après jour, la substance maléfique du temps.

Les pratiques révélées dans ces lignes et les commentaires qu'elles ont suscités en leur temps ont, plus que d'autres, provoqué la colère des chrétiens. C'est qu'elles touchaient à ce domaine interdit du sexe qui fut toujours — Freud l'a amplement démontré — la boîte de Pandore que nul, conservateur, réformateur ou révolutionnaire, ne se hasarda jamais à ouvrir. Seuls, les gnostiques osèrent mettre le feu à l'intangible poudrière et à poser que toute révolte, toute contestation du monde, toute prétendue libération spirituelle ou sociale doivent, pour être efficaces, libérer en premier le sexe. Il me semble inutile ici de répéter ce que j'ai maintes fois souligné, à savoir que cette attitude ne s'est pas traduite nécessairement chez les gnostiques par une débauche effrénée et des consommations journalières de semence. Beaucoup de gnostiques s'en tinrent à l'ascèse pure et simple, à commencer par les plus grands, Basilide et Valentin.

L'une des conséquences de cette attitude, particulièrement novatrice en son temps, fut l'importance accordée à la femme, dans ces acèsses du salut. Que ce soit dans les rites, les cultes, la spéculation mythique, elle joua un rôle de premier plan, comme réceptacle de lumière et comme initiatrice. Les termes par lesquels les gnostiques la désignaient : vase d'élection, urne de félicité, la posaient non seulement comme l'égale du mâle mais comme la détentrice d'une parcelle privilégiée de la Puissance originelle. Il ne faut pas s'y tromper et déduire des orgies gnostiques — comme ce sera le cas plus tard dans les œuvres du marquis de Sade et dans les débauches contemporaines où l'érotisme est ravalé au rang d'une volupté sans mythe et sans salut — que la femme y était traitée en objet, en instrument de volupté. Nous sommes en face d'un des rares exemples de l'histoire où la femme apparaît investie d'un pouvoir régénérateur et d'une mission salvatrice. Mais elle l'était en tant que sexe, non en tant qu'individu. Chacune d'entre elles était un fragment de la Femme — Sophia ou Barbélo — originelle et chacun, au cours de ces orgies, s'unissait à la femme, et non à une femme. Tout tient dans cette différence, et si les gnostiques ont pu à la fois magnifier le sexe et refuser l'amour en tant que sentiment, s'ils sont parvenus à dissocier totalement, radicalement ces deux domaines, c'est parce que tout leur pouvoir d'amour, de fusion, d'identification était tourné vers le vrai Dieu, le royaume lointain que seule la femme pouvait les aider à gagner et atteindre avec eux.

Ainsi, au plus profond de la nuit corporelle, dans ce monde de cendre et de boue qu'est chaque corps humain, seule l'ascèse intégrale ou seuls l'épanchement du désir érotique et le culte extasié de la femme peuvent raviver l'étincelle furtive que nous gardons en nous. Comme ces braises rougeoyantes au cœur du feu mourant, étoiles de la matière consumée et, par là même, enfin sauvée, les braises mentales qui rougeoient dans la cendre du corps, libérées et sauvées par la gnose, sont pour le gnostique la certitude que son chemin le mènera un jour aux cercles des étoiles.

L'IMPOSSIBLE MIROIR

> *Lorsque Jésus descendit aux Enfers, les pécheurs écoutèrent sa parole et furent tous sauvés. Mais les saints, croyant comme d'habitude qu'on voulait les mettre à l'épreuve, refusèrent la parole de Jésus et furent tous damnés.*
>
> Marcion,
> *Antithèses.*

Les déviations, inversions, rites spermatiques et magiques, mythologies, délires qui sont l'apanage des sectes gnostiques d'Alexandrie ne doivent pas faire oublier un fait fondamental : étudiées au niveau des rites et de leur expression concrète, ces attitudes semblent aberrantes, naïves, voire perverses. Mais dès qu'on a affaire aux maîtres de sagesse, aux enseignants, aux docteurs de la gnose, on rencontre soudain des hommes de haute culture, de haute érudition qui ont porté sur l'univers, le monde et les hommes de leur temps, un regard particulièrement lucide et scrutateur. En dépit de leur acharnement contre les sectes et les pratiques « honteuses » des gnostiques, les auteurs chrétiens n'ont pas pu ne pas reconnaître la valeur humaine et le rayonnement spirituel d'hommes tels que Basilide, Valentin, Carpocrate et bien d'autres. Telles sont les contradictions et, partant, les richesses de la gnose : elle satisfait toutes les exigences de l'esprit par la lucidité et la radicalité de son attitude, tout en décevant parfois la ferveur des sympathisants par les étranges conséquences qu'elle en tira dans la vie quotidienne. On ne joue pas impunément avec le feu du ciel ou l'étincelle de la psyché et beaucoup de gnostiques durent, tel Phaéthon, se brûler aux brasiers qu'ils avaient consciemment attisés. En voulant approfondir et libérer — pour les épuiser — les pulsions agressives et destructrices du désir, ils ont souvent joué les apprentis sorciers de l'âme, en un temps où la connaissance du domaine inconscient n'existait pas. Indiscutablement, ils ont pressenti l'existence de ce domaine et revendiqué hautement pour l'homme le droit de se brûler à ses propres délires. Je ne connais pas dans l'histoire de la pensée occidentale — bien que la gnose soit aussi d'origine orientale et n'appartienne pas entièrement à notre monde — de tentative plus haute, plus chargée d'éclairs et de germes, plus engendreuse de révélations positives que celle des gnostiques. Et c'est pourquoi je répète qu'on ne peut écrire une histoire de la gnose comme on écrirait une histoire des Templiers, des Camisards, de la Réforme. A mesure que ce livre avance, à mesure que les pages s'enchaînent, je me rends compte que la gnose agit insidieusement sur moi et qu'elle m'implique tout entier dans les questions que je lui pose. Dans tout ce que j'ai écrit jusqu'ici, où commence, où finit ma propre interprétation de la gnose ? Car elle me renvoie sans cesse à moi-même puisque tout au long d'une histoire qu'elle a refusée, d'un devenir qu'elle a combattu, elle n'a cessé de se poser et de poser à ceux qui l'interrogent la question : qui es-tu ? Qui suis-je pour reprendre cette histoire des ombres, des refus et des secrets gnostiques, retracer ces chemins volontairement voilés, tenter de percer ces révélations hermétiques — dont l'hermétisme justement m'exaspère — mais dont j'ai la totale certitude qu'ils ne sont pas gratuits ?

Cette certitude va plus loin. Ces chemins tracent la seule voie possible, la seule manière de se comporter face aux mystères du monde : tout éprouver, tout exprimer, tout dévoiler pour mettre à nu la condition de l'homme, le dépouiller de ses vêtures organiques, psychiques, sociales et historiques, le déconditionner entièrement pour qu'il puisse rejoindre ce qu'on appelle tour à tour son choix ou son destin. En écrivant ce mot : *déconditionner*, je m'aperçois que j'atteins le cœur de la doctrine gnostique. Aucune connaissance, aucune réflexion, aucun choix valable n'est possible tant que l'homme ne s'est pas dépouillé de tout ce qui le conditionne, à tous les niveaux du vécu. Et ces techniques si scandaleuses pour le profane, qu'elles soient ascétiques ou licencieuses, cet épuisement et cette consommation des feux organiques et psychiques — sperme et désir —, ces violations de toutes les règles et consensus sociaux ne sont là que dans ce seul but : comme des moyens brutaux mais radicaux de dépouiller l'homme de ses habitudes mentales et corporelles, réveiller en lui l'être endormi et secouer la torpeur aliénante de l'âme.

Je trouve pour ma part étrange que tous les livres écrits sur la gnose laissent leurs auteurs intacts, comme s'il s'agissait d'écrire un chapitre d'histoire sur quelques hommes intéressants mais un peu fous et nettement dépravés. Pourtant, les questions posées par les gnostiques restent toujours posées et je ne vois pas que ceux qui les ont étudiées aient jamais pensé qu'elles s'adressaient aussi à eux.

Je sais bien qu'on n'écrit jamais de livre que sur soi-même, et si, depuis longtemps, le problème des gnostiques m'intéresse et me préoccupe, c'est qu'il me concerne, sur un plan que j'ignore moi-même et dont cet ouvrage ne peut donner qu'une image superficielle, plus ou moins consciemment voilée. Pourquoi, alors qu'historiquement, numériquement et philosophiquement parlant, ils ne représentent qu'une secte parmi d'autres, me suis-je surtout attaché à ceux qu'on appelle les gnostiques licencieux ? Suis-je victime, sans le savoir, d'un phénomène qui est exclusivement celui de mon époque et qui porte à s'interroger plus qu'avant sur le domaine du sexe ? Suis-je moi-même insuffisamment déconditionné pour renoncer à le privilégier ? Ou cette révolte gnostique dirigée contre les interdits sexuels traduit-elle une préoccupation qui est objectivement fondamentale à n'importe quelle époque de l'histoire et qu'ils furent les seuls à exprimer sans réticence — sans résistance — parce qu'elle est véritablement à la racine de toute libération?

A ce stade, je peux difficilement en décider moi-même. Ce qui est certain et conscient, en tout cas, dans les choix et les orientations de ce livre, c'est qu'à aucun moment et délibérément, il ne veut être une histoire du gnosticisme mais une réflexion cherchant à définir ce qui, de nos jours encore, demeure vivant, tangible et signifiant dans le mouvement gnostique. Avec, je l'avoue, le sentiment de m'attaquer à des problèmes difficiles à cerner, à des ombres dont l'image que j'en ai donnée serait peut-être récusée par ceux qu'elle concerne. Ce n'est pas une dérobade pour justifier les approximations de ce livre. C'est simplement parce que je crois présomptueux — et même anti-gnostique — de vouloir à tout prix faire parler le silence, rétablir dans l'ambiguïté fatale de toute histoire ceux qui passèrent leur vie à la fuir et à la dénoncer.

Dans tout ce qui a été dit jusqu'ici de l'enseignement gnostique, il est un aspect qui ne fut guère mentionné mais qui le concerne de près : celui du dualisme. Par dualisme, il faut entendre toute vision de l'univers qui le scinde en deux entités contraires, coéternelles et indépendantes : Lumière et Ténèbres, Esprit et Chair, Bien et Mal, etc. Ainsi défini, le dualisme est présent dans maintes religions et philosophies anciennes ainsi que dans certaines des doctrines gnostiques. Pour Simon le Mage, par exemple, il existait bien deux mondes différents, deux Dieux inconciliables. Mais cette vision, qu'on trouve sous sa forme la plus nette et la plus accomplie chez les Manichéens, ne fut pas adoptée systématiquement par tous les gnostiques. Chez beaucoup — entre autres chez certains de ceux dont nous avons déjà parlé — le monde du mal n'apparaît pas comme une entité autonome, coéternelle et coexistante à celui du bien mais plutôt comme une création issue de l'hyper-monde, qui procède de lui, par erreur ou par imitation. C'est cette différence qui explique incidemment la morale ou la non-morale des gnostiques : né d'un malentendu, d'une chute ou d'une scission, ce monde manqué conserve quelque chose de la substance du vrai monde, sur quoi le gnostique s'appuie pour entreprendre sa tâche monumentale d'épuration de la substance maléfique. Dans un monde où le Mal serait coexistant et coéternel au Bien, on ne voit pas comment l'homme pourrait « remonter la pente », franchir l'abîme — infranchissable ici — et retrouver son essence salvatrice. Il n'y a donc pas toujours dualisme au sens strict chez les gnostiques mais plutôt dualité, une dualité qui porte sur la genèse, non sur l'essence de l'univers. Mais il faut signaler que cette dualité a elle-même évolué au cours des siècles et s'est exprimée sous des formes plus proches du véritable dualisme chez des gnostiques comme les Bogomiles de Bosnie et les Cathares du Languedoc. Elle s'est exprimée également chez un gnostique dont je n'ai pas encore parlé, qui vécut quelque temps après Simon le Mage et dont l'œuvre — assez singulière et marginale dans l'histoire de la gnose — vaut la peine d'être mentionnée : il avait nom Marcion.

Avec Marcion, la gnose retrouve ce qu'elle fut dès son origine : une tentative de réflexion rationnelle, un effort de compréhension logique pour repenser à la lumière des Évangiles l'existence du monde et le destin de l'homme. Mais cette réflexion aboutit chez lui à des conclusions si radicales et si inattendues qu'elles lui valurent, à lui comme aux autres, d'être excommunié et chassé de l'Église.

Marcion était originaire de Sinope, dans le Pont, sur les rivages nord de l'Anatolie, où il naquit en 85 après J.-C. Il appartient donc à la même génération que les disciples de Simon le Mage. Son père était évêque de Sinope et Marcion grandit entièrement dans l'enseignement chrétien. Il y acquit une connaissance si approfondie de la Bible et des Évangiles que saint Jérôme le qualifie de « véritable savant ». Mais ses idées sur le christianisme durent paraître peu orthodoxes puisque son propre père l'exclut de sa communauté. Marcion frète alors un bateau et, comme saint Paul, se lance sur les mers pour y prêcher son enseignement. Quelques années plus tard, on le retrouve à Rome où il s'installe, fréquente la communauté chrétienne et, pendant de longues années, s'enferme dans le silence pour mettre par écrit ses idées. Le fruit de ce travail, c'est, dans les années 140, la publication de ces *Antithèses* où il expose son système du monde, son interprétation de la Bible et des Évangiles et les principes qui doivent, selon lui, présider à l'instauration d'une nouvelle Église.

Ces principes, je ne peux ici que les résumer tout en précisant dès l'abord un fait marquant : à l'inverse des autres gnostiques, ce que voulut Marcion, ce fut établir une Église, des communautés stables et fermes, dont l'Évangile serait les *Antithèses*. Cela suffit à le faire exclure de l'Église mais il continua à enseigner, avec succès semble-t-il, puisqu'il eut des milliers de disciples. Tertullien dit « qu'ils emplissent tout l'univers » au point de constituer pendant quelque temps un réel danger pour l'Église officielle. Trois siècles plus tard, on retrouve encore des Églises marcionistes à Rome, à Chypre, en Égypte, en Palestine et en Syrie.

Pour Marcion, le problème, au fond, est des plus simples. La lecture de l'Ancien et du Nouveau Testament (termes aujourd'hui courants mais qu'on doit à Marcion lui-même) montre deux univers, deux ordres incompatibles. L'Évangile révèle un Dieu d'amour et de bonté, dont le Fils est venu sur terre pour sauver justement les hommes et leur enseigner la fraternité, la miséricorde et l'amour du prochain. La Bible, au contraire, révèle un Dieu de rigueur et de châtiment qui s'acharne contre l'humanité et n'apparaît qu'environné de foudre, d'éclairs et de tonnerre. Il ignore la générosité, la tolérance, la clémence. L'histoire du monde et celle de l'homme, telles qu'elles apparaissent dans la Bible, sont faites de crimes, de sang, de massacres et manifestent un monde intrinsèquement mauvais, vicié, un univers indiscutablement manqué et un homme raté. Quelque chose « grince » dans cette création que Jéhovah est contraint de corriger sans cesse et où l'homme vit sous la terreur permanente des interdits, des fulminations et des menaces du Créateur. Il est impossible, dit alors Marcion, que Jésus — qui est Fils de Dieu — soit le Fils de ce Jéhovah exterminateur, que celui-ci soit le Père dont se réclame le Christ. Marcion aboutit donc aux mêmes conclusions que Simon le Mage : Jéhovah n'est pas le vrai Dieu. Ce dernier est le Dieu inconnu, étranger au monde, le vrai Père dont le Christ est le Fils.

Le mérite du système de Marcion — par rapport à celui de Simon le Mage — est qu'il est infiniment plus rationnel et qu'il repose, pour se définir, sur une interprétation rigoureuse et une connaissance minutieuse — philologique — des documents bibliques et évangéliques. Il n'est plus besoin, pour rendre fécondes cette doctrine et cette vision du monde, de faire appel à des prodiges, des sortilèges, à tout l'apparat magique dont Simon truffait sa doctrine. L'implication des idées de Marcion est donc simple mais révolutionnaire : la Bible ne peut être, ne saurait être un livre révélé, ni une Écriture Sainte. L'opposition est totale entre l'Ancien Testament et le Nouveau et elle s'exprime à tous les niveaux : celui de la genèse de l'univers, et celui des textes qui la relatent. Ce que décrit la Bible, ce n'est pas l'œuvre immense et grandiose de Dieu, mais la création bêtifiante du Mal.

Inutile de suivre dans tous leurs détails les preuves que Marcion accumule, par des citations du Pentateuque, pour étayer ses *Antithèses.* Ce qui compte, c'est la conséquence explicite que Marcion en propose :

devant l'évidence des deux mondes et des deux messages, seuls les Évangiles rapportent l'enseignement du vrai Dieu. La Bible à jamais doit être reléguée dans l'oubli.

Toutefois, ce message des Évangiles n'est pas parvenu intact, il a subi les additions, interpolations de toutes sortes introduites par les judaïsants et les premiers disciples de Jésus. Pour être certain d'accéder à la véritable parole divine, Marcion épure donc les Évangiles et recherche, à travers les déformations qu'ils ont subies, le texte authentique, seul canonique, qui servira de fondement à toute sa doctrine. Ce texte c'est celui qu'à partir de l'Évangile selon saint Luc, il propose dans les *Antithèses.*

Sans vouloir recourir à tout prix à des parallèles abusifs et toujours discutables, je dirai que cette tentative, originale et révolutionnaire, dut avoir en son temps le même effet qu'aurait de nos jours la publication de quelque *Thèse* ou *Antithèse* socialiste, qui répudierait la doctrine marxiste pour s'appuyer exclusivement sur une édition corrigée des discours de Lénine. Je sais bien que cette idée est absurde puisque Lénine lui-même s'est constamment réclamé du marxisme. Mais ce qui intéresse Marcion, ce n'est pas seulement la parole textuelle de Jésus — qu'il faut retrouver à travers tout le voile et toute l'épaisseur des déviations qu'elle a déjà subies — c'est aussi la nécessaire adaptation qu'il faut lui faire subir pour la rendre efficace et vivante dans un monde qui n'est plus, depuis bien longtemps, celui des pasteurs nomades de la Bible. On voit bien aujourd'hui que le problème n'est pas loin d'être le même à propos du marxisme et des interprétations du socialisme, et quand les plus récents et les plus autorisés commentateurs de Marx parlent de « relecture du marxisme », écrivent des essais qui s'intitulent *Relire Marx*, ils emploient, presque terme pour terme, ceux de Marcion lui-même dont l'enseignement pourrait effectivement se résumer par la formule : *Relire la Bible*. C'est en cela que sa tentative fut particulièrement novatrice et c'est en cela que justement il fut jugé comme hérétique et contraint au silence ou tout au moins à l'effacement : pour avoir voulu arracher le christianisme adolescent à sa gangue biblique, rompre avec une tradition judaïque qu'on croyait indispensable à son évolution, ouvrir des voies nouvelles, repenser du tout au tout la valeur ou la caducité des schémas proposés par la Bible. Ce faisant, il prétendait orienter le christianisme et l'homme nouveau qu'il appelait à naître vers l'avenir, un avenir à façonner, à improviser, à construire jour après jour à partir des seuls Évangiles et en congédiant l'image du faux Dieu.

Il est impossible d'imaginer ce que serait devenue l'histoire de l'Église si celle-ci s'était rendue aux thèses de Marcion. Il va de soi que son évolution eût été totalement différente et qu'elle eût, dès le IIe siècle, rejoint des positions qui, dix-huit siècles après, deviennent peu à peu les siennes. Mais incapables de s'arracher à une tradition et une théologie qui lui fournissaient à la fois les cadres éthiques de son message et les visions émotionnelles sans lesquelles ils n'eussent été que des principes abstraits, elle dut traîner pendant des siècles des images, des genèses et des apocalypses qui, en fait, lui étaient étrangères. Marcion est venu trop tôt dans un monde qui n'était pas prêt à accepter la rupture libératrice, à opérer la « révision déchirante » qui eût rompu les amarres qui le retenaient à la Bible. Pourtant, cette tentative courageuse et lucide ne mourut pas entièrement avec Marcion. La nostalgie d'un christianisme adulte, affronté aux problèmes de son temps, libéré des références sempiternelles à la Genèse et aux commandements mosaïques, n'est pas tout à fait morte. Mais il n'est pas facile de s'arracher aux mirages, ni au miroir factice et factieux de la Bible où l'homme n'a cessé de lire sa fausse image et de suivre son faux destin, et où l'Église acheva longtemps de se perdre, comme Alice au pays des songes.

Les chemins de la gnose

Contre qui mener la lutte et où diriger l'assaut quand l'injustice hante l'air de nos poumons, l'espace de nos pensées et la stupeur des astres ?

Cioran

Précis de décomposition.

LES ERRANTS DU MONDE

Ils passent leur temps à ne rien faire et à dormir.

Timothée.
Sur les Messaliens.

A partir du IVe siècle, l'histoire de la gnose change de lieu, de nature et de sens. Elle ne s'écrit plus dans les villes mais, comme en ses débuts, tout au long des chemins de l'Orient. En quittant l'Égypte pour se répandre en Mésopotamie, Arménie, Cappadoce, Grèce, Bulgarie et plus tard en Bosnie, la gnose revêt des formes très différentes de celles qu'on lui connaissait jusqu'alors. Comme si, par une sorte de retour cyclique à leurs aspirations premières, les gnostiques fuyaient les villes pour reprendre leurs errances sur les routes, les plaines, les montagnes. Car, à quelques très rares exceptions, c'est là désormais que nous rencontrerons les nouvelles communautés gnostiques. Communautés dont le genre de vie, les principes, les techniques ascétiques ou licencieuses conservent leur autonomie, leur étrangeté et qui, une fois de plus, s'attireront, par leurs extravagances ou leur insoumission, les foudres et les excommunications des chrétiens. A cette reprise de l'errance première, ce vagabondage sans feu ni lieu, ce refus des villes et de toute installation permanente correspond d'ailleurs un fait significatif : la doctrine elle-même perd de sa cohérence ou tout au moins de son caractère systématique, la mythologie s'étiole et les œuvres gnostiques elles-mêmes deviennent plus rares. Néanmoins, ces groupes furent nombreux et actifs et je voudrais m'attarder sur l'un d'eux, des plus spectaculaires, qui eut pour nom secte des Messaliens.

Leur vrai nom — j'entends celui qu'ils se donnaient eux-mêmes — était Euchites, c'est-à-dire les Orants (Messaliens étant la traduction syriaque de ce dernier terme). Leurs croyances rappellent les thèmes gnostiques fondamentaux — quant au monde inférieur des ténèbres et au monde supérieur des lumières — mais orientés dans un sens assez particulier, faisant appel à l'effusion mystique plus qu'aux exigences de la raison.

Pour les Euchites, ce monde était l'œuvre du diable, et tout — matière, chair, âme humaine — était imprégné de substance diabolique. Au point que le diable était physiquement et psychiquement présent en chaque homme, lié consubstantiellement à son âme. Aussi l'histoire du monde — cette lutte perpétuelle entre les ténèbres et la lumière — se retrouvait-elle dans l'histoire de chaque homme. Chaque être humain a pour tâche d'extirper de lui le démon qui le parasite, et ce, au moyen de techniques « de choc » assez particulières. Puisque tout homme se trouve, dès sa naissance, jeté au cœur d'un monde soumis à la violence du diable, il doit, pour s'en libérer, lui opposer une violence égale, mener contre le diable un combat sans merci. Il va de soi que, dans cette perspective, ni l'ascèse ni la licence ne peuvent suffire à obtenir la victoire contre un ennemi à la fois puissant et rusé. Ce sont là des techniques, des armes à double tranchant qui ont, entre autres, l'inconvénient d'être lentes et douteuses : cet épuisement, ce grignotement quotidien du mal et du péché que prônaient les gnostiques d'Égypte — et qui, chez les Phibionites, exigeaient au moins trois cent soixante-cinq unions successives — paraissent aux Euchites des moyens périmés, inefficaces. Pour eux, la seule arme certaine et d'effet immédiat, c'est la prière. Mais pas la prière chrétienne traditionnelle. Les Euchites pratiquaient la prière perpétuelle, une effusion de tous les instants, qui les plongeait dans un état second, ouvrait leur âme à l'intrusion de l'Esprit Saint et les libérait à jamais du démon. Il s'agit donc, par l'entremise d'une prière incantatoire, d'un combat physique et spirituel contre l'emprise du démon qu'on extirpait par un véritable exorcisme. Les Euchites avaient choisi, pour cela, le Notre Père, qu'ils récitaient sans cesse, jusqu'au vertige, jusqu'à la perte de conscience, en s'aidant de la danse et de différentes sortes de breuvages. Ils parvenaient ainsi à un état extatique et, peut-être, convulsionnel au cours duquel s'opérait « l'ablation » du démon. C'est pourquoi on les appelait aussi les

Enthousiastes (dont on sait que le sens étymologique est : possédés de Dieu) ou les Danseurs.

A cela, qui est le trait dominant des Euchites, s'ajoutent d'autres aspects intéressants. Uniquement préoccupés de livrer au démon ce combat sans merci, les Euchites se souciaient fort peu des contingences. Ils refusaient toutes les formes de travail — manuel ou intellectuel — (ce qui fit qu'on les appelait parfois les Paresseux) et subsistaient uniquement de mendicité. Hommes et femmes vivaient en commun, vagabondant au hasard des routes (notamment dans la province d'Osrhoène, autour d'Édesse) par bandes errantes qui dormaient en plein air et pratiquaient la libre communauté des femmes et des biens. Ils rejetaient aussi toute obéissance et toute soumission aux autorités quelles qu'elles soient — ecclésiastiques ou temporelles — ce qui en fit non seulement des vagabonds et des mendiants mais aussi et surtout des insoumis. Ce qui rendait difficile de les circonscrire et de les convertir, ou tout au moins de les neutraliser, c'est qu'une fois le démon expulsé ils se considéraient comme des Pneumatiques, inaccessibles à toutes les souillures, à toutes les compromissions avec ce monde satanique. Tout leur devenait égal et l'on devine, dans les témoignages des auteurs chrétiens, un certain embarras, un agacement non moins certain devant ces libertaires de la gnose qui acceptent et exécutent n'importe quoi et reconnaissent tout ce qu'on veut leur faire avouer. L'évêque chrétien Timothée, qui rédigea au VIIe siècle un ouvrage sur les hérésies de son temps, note ainsi à propos des Euchites : « L'été, la nuit venue, ils dorment en plein air, hommes et femmes, dans une totale promiscuité, sans que cela tire, d'après eux, à conséquence. Ils peuvent goûter aux mets les plus savoureux et mener la vie la plus luxurieuse ou la plus débauchée car pour eux, tout cela n'a pas la moindre conséquence. » Mais ce qui choque le plus ce brave évêque, c'est l'attitude délibérément insoumise de ces vagabonds, leur insolent refus de travailler et leur évidente propension à ne vouloir rien faire : « Ils entendent manger et ne jamais travailler pour cela. Ils mangent donc à leur faim, et boivent à leur soif à n'importe quelle heure du jour, sans se soucier d'aucune prescription sur les jeûnes et passent leur temps à ne rien faire et à dormir. »

L'existence et le comportement de ces sectes, dont l'importance numérique fut considérable en certaines régions d'Orient à partir du Ve siècle : disons quelques dizaines de milliers de fidèles, ne posèrent pas seulement au pouvoir temporel un problème de maintien de l'ordre. Maintes fois, les autorités ecclésiastiques tentèrent de les disperser ou de les contraindre à revenir dans le sein de l'Église. Mais les Euchites avaient, pour déjouer toutes ces tentatives, mis au point des techniques particulières qui déconcertèrent totalement les enquêteurs chrétiens. Ils n'hésitaient pas, en effet — comme l'avait conseillé Basilide, longtemps auparavant, aux gnostiques d'Alexandrie — à abjurer docilement tout ce qu'on voulait leur faire abjurer, à subir le baptême, à communier, à faire acte de contrition et, une fois laissés libres après cette preuve de soumission, à reprendre aussitôt leur vie errante et leurs pratiques. Timothée ne cesse de se lamenter sur cette attitude, dont il ne saisit pas les vraies motivations, et où il voit la plus fieffée des hypocrisies, ce qui explique, là encore, qu'on ait appelé les Euchites les Menteurs. Saint Épiphane, qui leur consacre quelques lignes — mais qui s'avoue vaincu d'avance par leur étrange comportement — déclare qu'ils ont pour habitude de répondre systématiquement *oui* à toutes les questions qu'on leur pose. Et il cite un exemple révélateur de réponse messalienne :

« Êtes-vous patriarches ? — Oui.
« Êtes-vous prophètes ? — Oui.
« Êtes-vous des anges ? — Oui.
« Êtes-vous Jésus-Christ ? — Oui. »

Aucun interrogatoire, aucune excommunication n'avait de sens dans ces conditions. Qu'on les excommunie, qu'on les contraigne à communier, le résultat était le même. Mais comme, en une perverse obstination, les évêques voulaient à tout prix dresser contre eux un acte d'accusation avec des condamnations précises et motivées, ils durent eux-mêmes recourir à l'hypocrisie et au mensonge pour en venir à bout. Timothée signale, par exemple, que l'évêque d'Édesse, un jour qu'on avait pu amener devant lui trois de ces drôles, feignit de vouloir se convertir à leur religion. Les trois Euchites (moins rusés finalement que les chrétiens ne le donnent à entendre) tombèrent dans le piège et exposèrent leurs convictions : l'homme est possédé par le diable et rien, ni baptême ni communion ni sacrement ni l'Église, ne peut l'en délivrer. Seule, la prière perpétuelle peut faire entrer en lui l'Esprit Saint et le débarrasser de son démon. Cette fois, l'Église tenait des propositions précises qu'elle s'empressa de condamner. Les trois drôles furent excommuniés et retournèrent sur les routes.

Il reste un point mal défini et qui me semble intéressant dans cette histoire : en quoi consistaient au juste ces prières, ces danses exorcisantes qui délivraient l'Euchite de son démon ? Ces danses devaient évidemment faire appel à la musique. Notons à ce propos qu'une autre hérésie, plus ancienne, le montanisme, s'était répandue dans des régions voisines deux siècles avant. C'était un mélange de messianisme, de prédications sur la fin imminente du monde et de pratiques à caractère extatique, destinées à procurer au disciple la vision immédiate du Paraclet. Or cette hérésie se développa en Phrygie, région connue depuis l'Antiquité pour sa musique frénétique, effusionnelle. Le mode phrygien — exécuté sur instruments à vent — était utilisé pour les danses orgiaques, les cultes dionysiaques et les mystères de Cybèle. Il peut s'agir, pour les Euchites, d'instruments et de modes musicaux analogues qui, ajoutés aux breuvages consommés avant les prières, provoquaient des phénomènes de transes et de possession collective. Quant à la nature de leur danse, Théodoret de Cyr en parle incidemment pour dire « qu'ils avaient des danses ridicules consistant à sauter, en se vantant puérilement de sauter par-dessus les démons ». Le tout s'achevant « par d'horribles bacchanales où hommes et femmes se mélangeaient ».

Un autre trait, signalé par un des actes d'accusations dressés — à grand mal — contre eux, me paraît encore plus significatif. L'expulsion du démon et la présence de l'Esprit Saint permettaient à l'Euchite d'accéder aussitôt au monde des lumières. Les splendeurs du Plérôme se dévoilaient à lui et « ils prétendent, dit l'acte, voir Dieu avec les yeux du corps ». C'était là une affirmation redoutable qui, plus tard, conduira tout droit le voyant au bûcher. Car l'état d'extase, d'indifférence, d'*apatheia*, pour employer le terme consacré, c'est-à-dire d'impassibilité à l'égard de toutes les sollicitations du monde et d'accession à l'hyper-conscience, les Euchites le revendiquaient pour franchir, ou prétendre franchir, la frontière interdite que toutes les théologies ont tracée entre l'intelligible (ou le divin) et le manifesté (ou l'humain). « Ne désire voir avec les yeux du corps, dit Evagre le Pontique qui fut anachorète aux déserts d'Égypte, ni les Anges ni les Puissances ni le Christ sous peine de sombrer dans la folie. » Les Euchites, semble-t-il, franchirent le grand pas. Ni le débraillé de leur vie vagabonde, ni leur insoumission à toutes les contraintes sociales, ni leurs danses extatiques n'atteignaient au pouvoir sacrilège de cette simple phrase. Plus que le reste, elle les rejetait hors du monde chrétien, voire hors du monde humain.

LA PURETÉ DES MONTAGNES

Ils dénoncent les riches, ils ont horreur du tsar, ils ridiculisent les supérieurs, condamnent les nobles et défendent à tous les esclaves d'obéir à leurs maîtres.

Cosmas le Prêtre,
Contre les Bogomiles.

Dans les montagnes et les forêts de Bosnie, sur les plateaux d'Herzégovine, des milliers de tombes sculptées et des dizaines de nécropoles, perdues parfois en des régions sauvages, posent depuis deux siècles une énigme à l'archéologie et à l'histoire. Leur nombre, leur disposition, leurs sculptures, les inscriptions figurant sur certaines d'entre elles attestent l'existence de communautés importantes, possédant une hiérarchie, des coutumes précises, toute une histoire encore très méconnue. Les régions où elles prédominent indiquent qu'il s'agit de communautés paysannes, groupées autour de quelques fiefs, au cœur de contrées retirées qui échappèrent longtemps à l'autorité des Églises orthodoxes et catholiques de Serbie. Le mystère parut éclairci le jour où l'on attribua ces curieuses constructions aux hérétiques bogomiles. Les Bogomiles, dont le nom signifie les Aimés ou les Amis de Dieu, furent une secte de nature gnostique, héritière de traditions néo-manichéennes, qui apparut en Bulgarie dès le IXe siècle. Elle se scinda en plusieurs groupes dont l'un s'implanta en Bosnie et en Herzégovine, au cœur de l'actuelle Yougoslavie, pendant plusieurs siècles. Avec ces villages, ces châteaux forts, ces provinces entières acquises aux Bogomiles, nous sommes loin désormais des groupuscules alexandrins. La gnose entre dans l'histoire, s'installe au sein de communautés nationales, fonde ses églises avec ses prêtres et ses diacres, devient elle-même une véritable puissance temporelle. Déjà, avec les Pauliciens, autre secte gnostique contemporaine des Messaliens, la gnose avait cessé d'être une doctrine clandestine, enseignée dans le secret ou la solitude du désert : ferment d'insoumission à tous les pouvoirs temporels, elle se trouva fatalement confrontée au mouvement de l'histoire et les répressions dont elle fut l'objet la contraignirent à se forger un corps social et politique, une autonomie, un destin bien à elle. Partout où elle passe, partout où elle se communique, elle crée des foyers de rébellion — religieuse et politique — contre l'Église officielle et le pouvoir temporel qui est son expression. On trouvera donc les nouveaux gnostiques dressés tour à tour contre Byzance, les envahisseurs slaves des Balkans, les seigneurs orthodoxes de Serbie. C'est alors dans un milieu essentiellement rural que la gnose recrutera ses adeptes. Les paysans seront d'ailleurs plus sensibles à ses incidences politiques et sociales qu'à ses incidences religieuses. Mais par ce biais, les groupes gnostiques deviennent de véritables communautés insurgées, rassemblant des milliers de paysans et d'artisans, et contraintes désormais d'avoir leurs propres lois, leur propre organisation et même leur propre armée. Ce destin a évidemment quelque chose de paradoxal. Née d'un refus radical de l'histoire et de la société, la gnose, par son succès même, sécrétera à son tour une histoire et des sociétés — éphémères sans doute — mais dont l'existence et le destin tragique resteront longtemps exemplaires.

Si les tombes et nécropoles de Bosnie sont bien d'origine bogomile, elles montrent alors combien la gnose a changé de visage et d'histoire bien que sa doctrine, elle, demeure toujours la même. Car, pour la première fois, on se trouve en présence de communautés historiquement et géographiquement stables, et aussi de monuments figurés, de vestiges matériels, bref, d'un art gnostique. Ce simple fait tendrait à lui seul à faire douter que ces tombes sculptées, ces monuments ornementés puissent être l'œuvre de groupes se réclamant de la gnose. Car rien, jusqu'alors, n'était plus étranger à la mentalité gnostique que le souci de laisser derrière soi des vestiges matériels, et notamment des œuvres d'art. L'art, comme l'histoire, nourrit le temps et le suppose. Il s'inscrit fatalement dans une durée que le gnostique récuse. C'est moins l'absurdité, l'inutilité du sentiment esthétique qui sont ici en cause que celles de son expression. S'il fallait imaginer, chez des hommes comme Basilide, Valentin, Carpocrate, des soucis de ce genre (supposition impensable à mes yeux), ils n'eussent engendré qu'un art purement symbolique, didactique peut-être et, en tout cas, intemporel. Or l'art des tombes et des nécropoles de Bosnie est précisément l'expression des rites, des jeux, des combats, de la vie quotidienne ou religieuse des communautés en question. Il est le reflet conscient, affirmé, répété partout, des principaux moments de leur vie terrestre. Que voit-on sur ces tombes ? Des scènes de la vie rurale et féodale — danses de femmes, combats de chevaliers, épreuves de tir à l'arc —, des personnages debout, les deux bras élevés ou la main droite seule, doigts écartés, délibérément agrandie, en posture de serment peut-être et, autour, au-dessus, les mêmes symboles cosmiques : la lune et le soleil.

Il y a quelques années, je suis allé visiter ces tombes sur les lieux où figurent les plus importantes d'entre elles, à Radimjle, Cicévo, Hodovo, Boljuni. La plupart sont recouvertes de lichens et de mousses qui peu à peu effacent, absorbent les scènes figurées. La pluie a rongé la pierre et le doigt seul, parfois, permet de reconnaître, sur ce granit qui reprend peu à peu sa nudité originelle, l'existence d'une forme, d'un personnage, d'un animal courant, d'un astre érodé, d'un arc incurvé sur le roc. Il émane de ces centaines de monolithes perdus dans les forêts, sur les plateaux déserts, une atmosphère de mystère intense, mais aussi de crainte et d'insécurité devant la mort. Ces inscriptions qui tentent de protéger le défunt contre la profanation de sa tombe, ces symboles qui partout accompagnent son image comme les gardiens vigilants de son âme sont porteurs d'un message ambigu, fait de certitude et d'appréhension, où les gestes mêmes du défunt, sa posture rigide et rituelle tentent peut-être de conjurer les mystères du monde invisible. Rien de tout cela, apparemment, n'est véritablement gnostique et le doute me possède toujours, quant à l'appartenance religieuse de ces milliers de morts. Ce qui est certain, c'est que ces nécropoles sont les seuls vestiges d'une histoire qui dut être durable et intense : des villages, des châteaux que supposent tant de vivants aujourd'hui oubliés, il ne reste plus rien. Pas la moindre ruine, la moindre trace en ces montagnes où les herbes et les arbres ont recouvert le sol et, souvent, déraciné les monuments eux-mêmes.

Quoi qu'il en soit, cela montre au moins une chose : c'est que désormais la lutte contre la gnose a changé elle aussi de visage. L'excommunication, l'emprisonnement ne suffisent plus. L'insurrection religieuse et politique de ces communautés organisées implique, de la part du pouvoir, des mesures de répression qui consisteront à anéantir purement et simplement tous ceux qui refuseront d'abjurer, à brûler leurs églises, incendier leurs villages, raser leurs forteresses et installer partout des bûchers où les Bogomiles, par centaines, se jetteront d'eux-mêmes dans les flammes. Qu'avait donc cette hérésie pour provoquer une telle répression, un tel acharnement ? Elle prônait ce que, depuis longtemps, nous savons : le refus de toute compromission avec un monde maudit, contaminé par le mal et le diable. Mais ce refus, dans le contexte de l'époque, se tourna principalement contre les Églises officielles, contre leur pouvoir, leur richesse insolente et leurs symboles abhorrés. Les Bogomiles détestaient la croix parce que le Christ y était mort et qu'elle devenait, à leurs yeux, le symbole de son supplice. Ils récusaient tout l'Ancien Testament, les dogmes essentiels, la Vierge et toute la mythologie chrétienne. Ils pratiquaient une ascèse exigeante — plus de débauches et de licence désormais car la lutte historique implique une autre lutte, aussi impitoyable, contre les tentations du corps —, ils refusaient la procréation, le mariage, ils méprisaient le travail, la richesse, les honneurs, les distinctions sociales. Entre eux, ils se considéraient tous comme égaux. Une seule différence — importante — marquait cependant leurs rapports. Comme le bogomilisme se développa surtout dans un milieu rural et qu'il fallait bien travailler, cultiver le sol, fabriquer des vêtements pour assurer la survie de ces communautés, la règle prévoyait deux états, deux fonctions séparés : les Parfaits menaient la vie gnostique totale, c'est-à-dire qu'ils vivaient en ascètes mendiants, enseignaient dans les provinces, initiaient et délivraient les sacrements. Les autres, les Auditeurs, étaient constitués par la masse de ceux qui pouvaient se marier, procréer, travailler, et assurer ainsi la survie matérielle du groupe. Mais cette double insurrection contre l'Église et le pouvoir — le refus de la croix, du dogme et des sacrements orthodoxes et le refus d'obéissance aux autorités temporelles — entraîna très tôt une réaction de ce pouvoir. On vit alors des milliers de soldats et de prêtres chrétiens envahir ces provinces et s'en donner à cœur joie en pillant, brûlant, massacrant tout sur leur passage. Tout ce sang répandu n'atteste pas seulement l'odieuse intransigeance de l'Église et des souverains orthodoxes. Il atteste aussi celle des Bogomiles qui, fidèles à leurs serments et à leurs convictions, refusent d'abjurer et préfèrent se jeter dans les flammes. Et c'est cette voie suicidaire que désormais suivra partout la gnose. A la honte de la compromission, de la soumission à l'Église et à l'armée de Satan, elle opposera la pureté souveraine de sa propre foi, proclamée jusqu'au seuil de la mort.

Cette attitude assurera aux hérétiques une auréole qui longtemps marquera leurs martyrs. Désormais, seuls la guerre, les bûchers, le génocide viendront à bout des rebelles de Dieu. Et même alors, la gnose ne sera pas entièrement vaincue. Elle renaîtra plus loin, ailleurs, dans la solitude et le silence d'autres montagnes, au cœur des Pyrénées et des Corbières, où son histoire se répétera, avec le même cycle de grandeur et de tragédie, jusqu'au bûcher de Montségur.

Un monde qui joue au gnosticisme

« Le monde se développe uniquement en fonction des hérésies, en fonction de ce qui rejette le présent, apparemment inébranlable et infaillible. Seuls les hérétiques découvrent des éléments nouveaux dans les sciences, l'art, la vie sociale. Seuls les hérétiques sont l'éternel ferment de la vie. »

E. Zamiatine
Nous autres.

« Un monde qui joue au gnosticisme. » L'expression est de Lawrence Durrell dans la préface qu'il écrivit en 1973 pour l'édition anglaise de ce livre, reprise ici en traduction. Et il est vrai que notre époque ne peut que jouer au gnosticisme bien que par beaucoup d'aspects elle ne soit pas sans rappeler celle où vécurent les gnostiques. Mais il faut se méfier des rapprochements superficiels. Paris, Londres et New York ne sont pas l'Alexandrie antique, même si sectes, faux messies et illuminés y foisonnent. C'est que la contestation — pour reprendre une expression récente — a changé de signe, voire de sens. Les découvertes de la science dans l'infiniment grand et l'infiniment petit ont étendu et surtout déplacé le champ de la connaissance. Les grandes visions — pour ne pas dire les grandes rêveries — cosmiques sont moins le fait aujourd'hui des philosophes et des mystiques que des astronomes et surtout des astrophysiciens. Qu'auraient pensé un Basilide, un Valentin, un Carpocrate, un Epiphane des extraordinaires découvertes de ce siècle, de l'extension inouïe du champ de l'univers, de l'image illuminatrice d'un monde composé de millions de galaxies et de milliards d'étoiles ? Cela n'aurait-il pas confirmé à leurs yeux l'exil cosmique de l'homme, sa relégation sur la terre, sa solitude planétaire et sa dérisoire petitesse face à l'infini étoilé ? Particule alourdie venue et chue de l'hypermonde, disaient-ils en parlant de l'homme. Particule pensante, découvreuse des pulsars et trous noirs qui illuminent et assombrissent l'infini, dirait de lui un astronome d'aujourd'hui. C'est dans leurs livres, dans les livres des modernes astrophysiciens, que je puise maintenant le même émoi, la même jubilation puisés jadis dans les textes gnostiques. C'est dans l'œuvre d'Hubert Reeves, de Michel Cassé, de Trinh Xuan Thuan, de Steven Weiberg, de Carl Sagan et de bien d'autres que je retrouve le mieux l'accent et le ton gnostiques. Un gnostique d'aujourd'hui ne pourrait plus ignorer le nouvel univers révélé par les télescopes — et bientôt par les satellites — et celui que découvre au cœur du corps humain le microscope à balayage électronique. C'est là, je crois, que se situe la grande révélation, la grande révolution de notre temps : en cette physique des étoiles et des particules qui explore, affronte et élucide les deux frontières extrêmes de l'univers vers l'infiniment grand et l'infiniment petit. Bien sûr, cette moderne physique ne propose aucune certitude mais plutôt, avec la théorie quantique, des principes d'incertitude et ne saurait donc contenter les exigences d'un vrai gnostique. À ses questions, la science ne saurait donner de réponse définitive pour la seule raison que son but n'est pas d'établir une image sûre et certaine de l'univers mais d'en proposer avant tout une image plausible et cohérente. La cohérence est au savant ce que la certitude est au croyant : la raison d'être de sa recherche. Sur ce point, science moderne et gnosticisme s'opposent quant à leurs principes : les gnostiques ressentaient l'univers comme profondément, structurellement incohérent alors que le but de la science est justement de nous le rendre cohérent. Le chant des particules élémentaires tournant sans fin dans les anneaux des cyclotrons serait impuissant à charmer un gnostique et à apaiser son angoisse. Séduisante, saisissante, stupéfiante quelquefois, la science contemporaire a ouvert de nouveaux abîmes de réflexion — selon l'expression consacrée — abîmes qui requièrent en cette fin de siècle de nouveaux spéléologues de la pensée.

Relisant ce livre aujourd'hui, je me dis qu'à mes yeux le seul point litigieux, le seul aspect négatif de cette pensée gnostique, c'est sa schizophrénie manifeste et manifestée, cette déchirure vitale, irrémédiable qu'elle trace dans le tissu cosmique et dans les jours de l'homme. Vivre sans cesse avec l'idée qu'il existe deux univers et deux divinités, qu'il y a quelque part au fond des galaxies un double de nous-mêmes, notre être véritable jamais réalisé et qu'en somme nous portons en nous depuis l'origine un corps, un cœur, une âme à jamais lézardés, n'a rien de très réconfortant ni d'exaltant. Certains de nos contemporains, pourtant, ont trouvé là, en ce dédoublement tragique, une source de contentement, ou de ricanement ou d'amère jubilation. J'en citerai quatre, parmi ceux dont je me sens proche.

Faut-il s'en étonner ? Le *Précis de décomposition*, puis *La Tentation d'exister*, les *Syllogismes de l'amertume*, *De l'inconvénient d'être né*, *Écartèlement* de E.M. Cioran [1] ont été pour moi dès l'après-guerre des livres de chevet à condition d'entendre par chevet non celui des lits mais celui des gouffres. Il est évident que Cioran, comme il me l'avoua lui-même par la suite, s'est toujours senti en communauté de pensée *vive* avec les gnostiques, en prenant *vive* au sens de chair à vif. Cioran à maintes reprises a perçu, exprimé dans ses œuvres la blessure gnostique fondamentale, celle qui consiste simplement à être. De ce « Bogomile édulcoré par le contact de l'Occident » comme il se désigna lui-même dans une lettre qu'il m'adressa, je choisirai une phrase d'*Écartèlement*, que je tiens pour un pur condensé de la pensée gnostique : *Exister est un plagiat*.

L'Œuvre au noir [2] de Marguerite Yourcenar est un livre habité lui aussi en chacune de ses pages par une lumière gnostique. Car la voix et la vie de Zénon, son personnage principal, qui passa sa vie à rechercher les sources de l'alchimie, les mystères des étoiles, les labyrinthes du corps humain, retrouvent les accents et les

1. L'œuvre de E.M. Cioran est éditée aux éditions Gallimard.
2. Gallimard 1968.

quêtes oubliés des gnostiques. Ce que les siècles apportèrent par la suite : ce besoin d'interroger aussi les mécanismes physiologiques de la vie, d'explorer les ténèbres des corps et des consciences, n'écarte en rien Zénon du chemin suivi par ses prédécesseurs alexandrins. Simon le Mage s'était déjà interrogé sur le rôle du sang. Éphiphane découvrait dans le soleil la source rayonnante de la vie et de la justice. Et les Pérates retrouvaient dans les entrailles de l'homme le grand serpent lové aux racines du ciel. Zénon porte sur notre monde le même regard inquisiteur et exigeant, et accepte avec rigueur, avec courage l'idée d'un possible néant. Néant dont la seule éventualité rend plus qu'insupportable l'existence du mal.

« Si l'on rattache au gnosticisme, comme il faut bien le faire, ces mondes restés malgré tout mystérieux que sont ceux des Bulgaromils et des Cathares, c'est le seul groupe chrétien ayant osé regarder en face le problème du mal. Que la tête en ait tourné à certains d'entre eux, on le comprend. La nôtre tourne aussi », m'écrivait Marguerite Yourcenar en 1971 après avoir reçu mon livre. Oui, c'est bien cela qui n'a cessé de hanter les gnostiques : non l'existence du mal en soi dans un monde qui serait surgi par hasard du néant mais l'existence du mal sur une terre et dans un monde tenus pour des œuvres divines. À cette antinomie, ils ont répondu par le courage et la lucidité, par l'idée et le sentiment d'une déchirure irrémédiable entre le divin et l'humain.

« C'est le temps qui s'use mais la réalité est imputrescible et il faut y rester. » Ainsi se terminait la première lettre que m'écrivait Lawrence Durrell après la lecture du livre, lui que je qualifierai volontiers d'Alexandrin et de gnostique impénitents. Car Durrell a voué à Alexandrie une passion païenne qui en fit le contemporain de Carpocrate et de Cavafy. J'aime les hommes qui savent unir en eux des siècles différents, qui savent être creuset, foyer, source de retrouvailles séculaires. Dans l'œuvre de Durrell festoie une foule de fraternels fantômes, de mages, de yogis, d'inspirés et d'illuminés, de chrétiens, de gnostiques et de coptes levant leur verre à la continuité des filiations secrètes. Comme autant de caravansérails nocturnes et libertaires, les quatre tomes du *Quatuor d'Alexandrie* [1] abritent entre leurs pages, pour des nuits de lecture, les tumultes, les appels, les rires, les transes et les silences de générations de gnostiques, y compris de la dernière des « urnes d'élection » et des « vases de félicité », Justine. Alexandrie était leur ville, était la ville de Durrell. Elle est devenue notre ville. Grâce à Durrell et à nos longues conversations, gnostiques ou non, j'ai appris que moi aussi, comme Carpocrate, comme Cavafy et comme Durrell, j'étais né — ou plutôt re-né — à Alexandrie.

C'est par Durrell que je fis par la suite — uniquement épistolairement — la connaissance d'Henry Miller. « Il est trois heures du matin, m'écrit-il en anglais,

1. Buchet-Chastel, 1963 (édition en un seul volume).

je viens de finir votre livre, je veux vous écrire tout de suite tant cette lecture m'a excité mais je suis trop fatigué pour le faire en français. Pardonnez-moi. »

Sitôt parue en Angleterre, j'avais envoyé à Miller l'édition anglaise du livre avec un certain pincement au cœur. Qu'allait-il faire ? L'aimer, ne pas l'aimer ? La réponse ne tarda guère :

« Mon exemplaire est rempli d'exclamations d'approbations et de bravos ! continue-t-il dans la même lettre. À peine ouvert le livre, je m'y suis senti comme chez moi. Comme lorsqu'on entend les premières notes de son opéra préféré. »

De notre correspondance, restreinte mais toujours menée sur un ton familier, comme si nous nous connaissions en fait depuis les temps alexandrins, je ne citerai que la dernière phrase de la dernière lettre reçue de lui, deux ans avant sa mort. Il se trouvait à l'hôpital où il devait, m'écrivait-il, être opéré d'une artérite et il avait relu *Les Gnostiques* juste avant cette opération. Et il terminait par cette phrase qu'auraient sûrement contresignée Basilide, Valentin, Carpocrate et bien d'autres gnostiques :

« Sachez que vous m'avez donné un grand bonheur avec ce livre car l'idée que ce monde est une vaste farce cosmique me remplit de joie ! »

Cher Monsieur - March 8th 1971

I write you in English, forgive me, because it's easier for me. Only last night did I finish reading your book on the Gnostics which I presume you sent me.

I cannot tell you how excited I was reading it. My copy is all marked up with exclamations of approval — bravos! The moment I opened the book I felt at home with it. Like hearing the opening bars of an overture you know by heart.

I learned so very much from this book and at the same time found corroboration for my own views which it seems to me parallel the very drastic, radical views of the Gnostics.

Perhaps I should tell you that a few years ago, when visiting Joseph Delteil whose work I adore, I got out of the car at Montségur and bowed my head in memory of the Cathares who were buried alive in that mountain.

I am asking my agent Dr. Hoffman in Paris to forward this letter to you through your publisher. I could find

(over)

no address for the publisher in the book.
I hope this reaches you. I feel greatly indebted to you — and hope to read more of you.

If you would be so kind, may I ask you to send a copy of this book to my old friend* Carlo Suarès — 13, Avenue de la Bourdonnais — Paris (7e)
I am writing my friend Lawrence Durrell to get himself a copy — it should be right up his alley, as we say.

Once again, toute mon admiration et reconnaissance!

Sincerely,

Henry Miller

* Suarès has recently published a most interesting book called "The Cipher of Genesis." (originally published in French.)
It may interest you. It has bearing on your subject.

P.S. I apologize again for writing you in English
It is 3^oo A.M. and I am very tired

ORIENTATION BIBLIOGRAPHIQUE

J'ai volontairement évité, dans le cours de cet essai, de m'étendre sur les textes et les citations utilisés dans sa rédaction. J'achèverai donc cette étude par une note détaillée sur les sources textuelles de la gnose et les ouvrages de référence auxquels j'ai eu recours.

La connaissance de la gnose et de son histoire repose sur deux sortes de documents : les textes gnostiques proprement dits, c'est-à-dire les œuvres parvenues jusqu'à nous et considérées comme d'origine gnostique, et les citations et études figurant dans les ouvrages des Pères de l'Église consacrés aux hérésies.

TEXTES GNOSTIQUES

Jusqu'en 1945, les textes authentiquement gnostiques étaient en nombre très restreint. Le plus connu, la *Pistis Sophia* (Foi et Sagesse) fut découvert en Égypte au XVIIIe siècle. Il était écrit en langue copte et parut d'abord en traduction allemande en 1851 puis, dans une traduction française de E. Amelineau en 1895. L'année suivante, en 1896, on découvrit en Égypte un codex contenant quelques écrits gnostiques : l'*Évangile de Marie*, l'*Apocryphon* ou *Livret secret de Jean* et la *Sophia de Jésus-Christ*. À cela, on pouvait ajouter un fragment important d'un texte intitulé *Livre de Jeû*, deux prières et un fragment relatif au passage de l'âme à travers les Archontes. Ce dernier ensemble fut édité à Leipzig en 1905.

De tous ces textes la *Pistis Sophia* est de loin le plus complet et le plus important. Je voudrais en exposer brièvement le contenu car, à côté des descriptions minutieuses et lassantes des multiples cercles séparant notre monde du Plérôme, il contient des passages d'une très grande beauté. L'ensemble comprend quatre livres narrant la chute de Sophia (l'Eon dont nous avons relaté les avatars dans « le procès du monde »), ses lamentations, sa rédemption par l'intervention du Sauveur, c'est-à-dire du Christ et l'étonnant voyage accompli par ce dernier, après son Ascension, dans les splendeurs du haut ciel. À son retour sur terre, le Christ raconte à ses disciples les détails de cette ascension et les secrets de l'univers, au cours de dialogues et d'entretiens qui durèrent douze ans.

L'Ascension du Christ s'effectue sous les yeux effrayés des disciples, dans un bouleversement cosmique qui ébranle les cieux de la terre. Jésus remonte à travers les différents cercles du ciel et parvient jusqu'au monde du Plérôme. Puis il réapparaît à ses disciples dans une lumière si éblouissante qu'ils ne peuvent le regarder, reprend son apparence humaine et répond à toutes leurs questions. C'est une véritable cosmologie qui se déroule ainsi, une fresque gigantesque qui décrit la totalité des mondes. On y apprend l'histoire de l'univers, sa genèse, la nature et le rôle des Eons, ceux des différents cercles, le pourquoi et le comment de chaque chose. On retrouve ainsi dans cet ouvrage, malgré son évidente imprégnation mythologique, ce besoin de compréhension rationnelle qui fut un des aspects essentiels de la gnose. L'existence du mal, de l'injustice, de toutes ses violences, le pourquoi et le comment de la lumière et des ténèbres, du jour et de la nuit, de la richesse et de la pauvreté, l'existence des différentes espèces animales, des plantes, tout cela est expliqué, commenté, répété. C'est donc un des textes fondamentaux du gnosticisme, même si son origine précise n'a pu être entièrement déterminée. La tradition l'attribue à Valentin, mais H. Leisegang, dans son livre *La gnose*, y voit plutôt l'œuvre d'une secte apparentée à celle des Ophites ou des Barbélognostiques.

En 1945, des paysans de haute Égypte découvraient près de Nag-Hammadi, dans une falaise, une jarre contenant un grand nombre de manuscrits. Jean Doresse, historien, archéologue et spécialiste de l'Égypte copte, les inventoria, les classa, les étudia et établit le premier bilan de cette découverte. Il s'agissait d'un hasard particulièrement heureux car ces textes constituaient sans conteste la bibliothèque complète utilisée par une secte gnostique de haute Égypte, vers le Ve siècle. Je reprends ici, d'après le livre de Jean Doresse que je mentionnerai plus loin, la nomenclature de ces textes.

L'ensemble se composait de cinquante et un traités que Jean Doresse répartit en trois groupes : écrits entièrement d'origine gnostique, apocryphes d'origine chrétienne et traités de nature hermétiste. Voici la liste des œuvres authentiquement gnostiques :

Paraphrase de Seth. Allogène suprême. Livre secret de Jean. Épître d'Eugnote le Bienheureux. La Sophia de Jésus. L'Hypostase des Archontes. Le Livre du Grand Esprit Invisible ou Évangile des Égyptiens. L'Apocalypse de Zostrien. L'Apocalypse de Messos. La Révélation d'Adam à son fils Seth.

LES AUTEURS CHRÉTIENS

Dès le début de la gnose, avec Simon le Mage, et jusqu'aux derniers moments de son histoire proche-orientale, les auteurs chrétiens n'ont cessé de la suivre, de l'étudier et surtout de la réfuter. Ce travail de réfutation concernait toutes les hérésies du temps et pas seulement le gnosticisme. Mais le caractère radical des questions posées par ces derniers contraignit les Pères de l'Église à préciser eux-mêmes leurs propres positions théologiques et à fournir ainsi au christianisme ses premières bases dogmatiques. La liste de ces auteurs est donc considérable mais comme beaucoup se recopièrent ou s'inspirèrent les uns des autres, je ne signalerai ici que ceux qui fournirent les renseignements les plus complets et les études les plus poussées.

Le plus ancien est saint Justin, qui rédigea à Rome entre 150 et 160 ses *Apologies* et un ouvrage intitulé *Contre Marcion*, aujourd'hui perdu mais dont des extraits sont donnés par saint Irénée. Vient ensuite saint Irénée de Lyon, qui écrivit dans cette ville vers 180 sa *Mise en lumière et réfutation de la prétendue gnose*, plus connue sous son titre latin abrégé : *Adversus haereses*. Puis saint Hippolyte de Rome, qui rédige vers 230 les dix livres des *Philosophouména* ou Réfutation de toutes les hérésies*, et saint Épiphane de Chypre, qui écrivit vers 375 son *Panarion* ou *Boîte à remèdes contre les hérésies*. On trouve également des citations intéressantes chez d'autres auteurs, notamment chez des historiens de l'Église comme Eusèbe de Césarée, Théodoret de Cyr, Timothée, qui écrivent plus tard, entre le Ve et le VIIe siècle. L'ensemble de ces œuvres fournit des informations très substantielles sur les gnostiques, sur leurs œuvres, leurs systèmes et parfois sur leurs rites. Certains, comme saint Hippolyte, saint Irénée, saint Épiphane, citent même d'importants extraits d'œuvres gnostiques. Il semble qu'ils aient eu en main un certain nombre de

* D'après Jean Doresse, cet ouvrage serait faussement attribué à saint Hippolyte de Rome et serait l'œuvre d'un auteur inconnu et postérieur.

documents, mais il faut préciser qu'à l'exception de saint Épiphane, aucun d'eux n'eut du gnosticisme une expérience directe. Les ouvrages qu'ils utilisent pour réfuter la gnose devaient être ceux qu'on remettait aux nouveaux venus et non les livres secrets qui clôturaient l'initiation. Néanmoins, les renseignements qu'ils nous apportent permettent d'ajouter à la liste précédente un certain nombre de titres d'œuvres rédigées par des gnostiques.

On attribuait ainsi à Simon le Mage un ouvrage intitulé la *Révélation d'une voix et d'un nom* dont il disait lui-même que « cet écrit vient de la Grande Puissance, de la Puissance infinie. C'est pourquoi il sera scellé, caché, voilé, déposé dans la demeure où la Racine du Tout a ses fondations. » Basilide, lui, aurait écrit vingt-quatre livres ou *Exégétiques* sur les Évangiles et composé son propre Évangile, des *Odes* destinées à être récitées ou chantées au cours des liturgies qu'il avait instituées. Valentin aurait composé un *Évangile de Vérité*, qu'on ne connaissait jusqu'en 1945 que par les citations des Pères de l'Église, mais dont un exemplaire figurait dans la bibliothèque gnostique de Nag-Hammadi. Il se trouve aujourd'hui à l'Institut Jung de Zurich et sa traduction fut publiée en 1956. Ajoutons le traité *Sur la justice* d'Épiphane, le fils de Carpocrate que nous avons cité dans « l'expérience absolue ».

Ces œuvres étaient celles des principaux maîtres gnostiques. Mais les innombrables sectes d'Égypte et de Syrie se réclamaient d'un grand nombre d'ouvrages, attribués à des auteurs vénérables tels que Seth (le fils d'Adam), Jésus, la Vierge ou l'Esprit Invisible, et qui tous contenaient leurs révélations ou enseignement secret. Tous ces livres avaient évidemment une histoire fabuleuse comme ce *Livre sacré du Grand Esprit invisible* qu'utilisait la secte des Séthiens : « C'est ici le livre écrit par le grand Seth. Il l'a déposé dans des montagnes élevées sur lesquelles le soleil ne se lève jamais. Depuis les jours des prophètes, des apôtres et des prédicateurs, jamais son nom n'est apparu dans les cœurs. Leurs oreilles ne l'ont jamais entendu. Ce livre, le grand Seth l'a écrit dans des écritures de cent trente années. Il l'a déposé dans la montagne appelée Charax afin que, dans les temps et les derniers instants, il soit manifesté*. »

D'autres enfin, comme celui qui s'intitulait *Les Chefs de ville jusqu'à l'éther*, devaient être des manuels d'initiation, d'inspiration magique, destinés à permettre au disciple de franchir après sa mort les différents cercles qui séparaient son âme du Plérôme, en prononçant le nom de chaque Eon ou gardien de ces cercles. On retrouve là une eschatologie qui rappelle celle de l'ancienne Égypte, et les thèmes du *Livre des Morts* et du *Livre de l'Am-Douat*. Notons que cette tendance à une sotériologie de caractère magique ne fit que s'accentuer, avec l'évolution de la gnose et que certains traités énuméraient les noms innombrables et

* Cité par Jean Doresse, *Les livres secrets des gnostiques d'Égypte* (voir plus loin).

mystérieux des entités gardiennes des cercles intermédiaires. C'est une étrange litanie — empruntée au fonds grec, hébreu et égyptien — qui faisait intervenir, avec Barbélo, Sophia, Sabaoth que nous connaissons déjà, des êtres tels que Prounikos, Harmozel, Eleleth, Iadalbaoth, Astopheus, Abéramentho, Agrammakamarei (qui signifie littéralement la Voûte indescriptible), Anthropos, Athôth, Adamas... Le *Livre de Jeû*, texte gnostique découvert au XIXe siècle, indique même la formule magique qu'il faut à tout prix prononcer si l'on veut accéder directement au seuil du Plérôme. La voici, retenez-la bien :

aaa ooo zezophazazzzaïeozaza eee iii zaieozoakoe ooo uuu thoezaozaez eee zzeezaozakozakeude tuxuaalethukh.

BIBLIOGRAPHIE DE LA GNOSE

En tant qu'hérésie, la gnose fait partie de l'histoire du christianisme. Elle échappe bien entendu à cette histoire, par son contenu, ses implications, son sillage philosophique ou ésotérique, mais pratiquement ceux qui s'y intéressèrent furent presque tous des historiens du christianisme. La plupart, bien entendu, ne ménagent guère les gnostiques. Il est facile, après dix-huit siècles, d'ironiser sur leur mythologie délirante, leurs pratiques magiques et de se voiler la face sur leurs rites érotiques. Rares sont donc ceux qui tentèrent de saisir, en s'interdisant les jugements hâtifs et les *a priori* religieux ou éthiques, le sens profond des questions posées par les gnostiques. Plus rares encore sont ceux qui en abordèrent l'étude en acceptant le déconditionnement nécessaire et l'idée que ces questions s'adressent également à eux, malgré l'écart des siècles. Parmi ces derniers, figure Henri-Charles Puech, auteur de plusieurs ouvrages sur les gnostiques et les manichéens. Ses deux textes essentiels sur la gnose sont : *La gnose et le temps* (Eranos-Jahrbuch, t. XX, Zurich 1952) et le résumé des cours donnés au Collège de France, publié dans l'*Annuaire du Collège de France*, années 1953 à 1957 sous le titre *Phénoménologie de la gnose*. Le titre indique suffisamment sous quel angle Puech aborde l'étude de la gnose, le seul qui me paraisse aujourd'hui fécond car ses cours représentent actuellement l'approche la plus sensible et la plus pertinente du fait et de l'attitude gnostiques devant le monde*.

Dans le domaine de l'histoire et de la connaissance textuelle de la gnose, l'ouvrage le plus complet, le plus détaillé, le plus riche en renseignements de tous ordres — et surtout le plus actuel — est celui que Jean Doresse a publié sous le titre : *Les livres secrets des gnostiques d'Égypte* (Plon, 1958-1963). Il comporte actuellement deux volumes dont le premier contient un exposé détaillé de tous les systèmes gnostiques, tels

* Henri-Charles Puech : *En quête de la gnose.*
Tome I : La Gnose et le temps ;
Tome II : Sur l'Évangile selon Thomas (Gallimard, 1978).

qu'on les connaissait jusqu'à la découverte de Nag-Hammadi. Le second, publié sous le sous-titre de : *Évangile selon Thomas*, comporte une relation détaillée de la découverte faite en haute Égypte, un inventaire des manuscrits et une traduction de l'un d'eux : l'*Évangile selon Thomas*. C'est au premier tome de cet ensemble que j'ai emprunté la traduction de saint Irénée présentée dans « Les maîtres de sagesse », sur les « melons délirants » de Valentin*.

Il faut mentionner également le remarquable essai publié par Serge Hutin sous le titre *Les gnostiques* dans la collection « Que sais-je ? » Il fait plus, dans cet ouvrage, que donner une idée générale de la gnose : il introduit avec beaucoup de clarté et de compétence dans le labyrinthe de la pensée gnostique, qu'il suit jusqu'à nos jours, à travers ses différents aspects ésotériques, philosophiques et littéraires. C'est un des apports les plus originaux du livre que d'avoir questionné la gnose, non seulement par rapport à elle-même mais surtout par rapport à notre temps.

Parmi les autres ouvrages, beaucoup ne sont aujourd'hui accessibles qu'en bibliothèque. La plupart des recherches historiques sur la gnose ont surtout été faites en Allemagne depuis un demi-siècle et elles comportent un nombre impressionnant d'études. Je ne mentionnerai donc ici que les ouvrages accessibles

* Cf. la nouvelle édition de *L'Évangile de Thomas*, traduite et commentée par Jean-Yves Leloup (Albin Michel, 1986).

en traduction française, dont *La gnose* de H. Leisegang (Payot, 1951, dernière édition), dans une remarquable et très sensible traduction de Jean Gouillard (par ailleurs présentateur et traducteur de la *Petite Philocalie de la Prière du Cœur*, un livre qui ne concerne pas directement la gnose mais dont la lecture aide à en comprendre beaucoup d'aspects). Le livre de Leisegang aborde surtout la gnose d'un point de vue philosophique et théorique. Il est relativement ancien (la première édition est de 1924) mais il donne, sur les différents systèmes des gnostiques, des aperçus détaillés, discutables sans doute, mais d'une très grande érudition. Enfin, un ouvrage récemment paru apporte sur les origines de la gnose et ses liens avec le christianisme des aperçus originaux. C'est *La gnose et les origines chrétiennes*, de Robert M. Grant (paru en 1959 aux États-Unis sous le titre : *Gnosticism and early Christianity*) publié aux éditions du Seuil dans une traduction de Jeanne Henri-Marrou. Il existe du même auteur un livre indispensable, mais malheureusement non traduit en français : *Anthology of gnosticism*, qui comporte un recueil de presque tous les textes gnostiques connus jusqu'à ce jour.

« *Spiritualités vivantes* »
Collection fondée par Jean Herbert
DERNIERS PARUS

100. *Le Yoga de l'Amour,* de Jean HERBERT.
101. *Et Dieu créa Ève, A Bible ouverte,* t. II, de Josy EISENBERG et Armand ABECASSIS.
102. *Les Collations de Jean Cassien ou l'unité des sources,* textes choisis et présentés par Jean-Yves LELOUP.
103. *Praxis et Gnosis, textes d'Évagre le Pontique,* choisis et présentés par Jean-Yves LELOUP.
104. *Le Centre de l'Être,* de K. G. DÜRCKHEIM, propos recueillis par J. CASTERMANE.
105. *Tsimtsoum, introduction à la méditation hébraïque,* de Marc-Alain OUAKNIN.
106. *La Voie Soufie,* de Faouzi SKALI.
107. *Moi, le gardien de mon frère? A Bible ouverte,* t. III, de Josy EISENBERG et Armand ABECASSIS.
108. *Sermons sur le Zen, Réflexions sur la Terre Pure,* traduits et présentés par Maryse et Masumi SHIBATA.
109. *Dhammapada, les Dits du Bouddha,* traduits du pali.
110. *L'Anneau de la Voie,* de Taisen DESHIMARU, textes rassemblées par E. de SMEDT et D. DUSSAUSSOY.
111. *Rubâi'yât,* de Djalâl-od-Dîn RÛMÎ, traduit et présenté par E. de VITRAY-MEYEROVITCH et D. MORTAZAVI.
112. *Vie de Moïse, de Grégoire de Nysse, ou l'être de désir,* traduit par J. DANIELOU et présenté par J.-Y. LELOUP.
113. *Homélies de Jean Chrysostome sur l'incompréhensibilité de Dieu,* traduit par R. FLACELIÈRE et présenté par J.-Y. LELOUP.
114. *Le Dharma et la vie,* de Lama Denis TEUNDROUP.
115. *La Méditation créatrice et la conscience multidimensionnelle,* par Lama ANAGARIKA GOVINDA, traduit par Jean HERBERT.
116. *Le Puits d'eaux vives, Entretiens sur les Cinq Rouleaux de la Bible,* de Claude VIGÉE et Victor MALKA.
117. *Œuvres,* de saint FRANÇOIS D'ASSISE, traduit et présenté par A. MASSERON.
118. *La Méditation bouddhique,* de Jean-Pierre SCHNETZLER.
119. *Zen et samouraï,* de SUZUKI SHÔSAN, traduit et présenté par Maryse et Masumi SHIBATA.
120. *Le Taoïsme vivant,* de J. BLOFELD, traduit par Jean HERBERT.
121. *Commentaire sur le Mystère de la Fleur d'or,* de C. G. JUNG.
122. *Prière de Jésus, prière du cœur,* d'Alphonse et Rachel GOETTMANN.
123. *Moine zen en Occident,* de Roland RECH.
124. *Le Pèlerin chérubinique,* d'Angelus SILESIUS, traduit et présenté par Camille JORDENS.
125. *L'Expérience de la transcendance,* de K. G. DÜRCKHEIM, traduit par M.-P. SCHLEMBACH.
126. *Les Gnostiques,* de Jacques LACARRIÈRE.
127. *Réflexions sur la Bhagavad-Gîtâ,* de Jean HERBERT.

La reproduction photomécanique de ce livre
a été réalisée par l'imprimerie Bussière,
l'impression et le brochage ont été effectués
sur presse CAMERON *dans les ateliers de la S.E.P.C.*
à Saint-Amand-Montrond (Cher)
pour les Éditions Albin Michel.

Achevé d'imprimer en août 1994.
N° d'édition : 13824. N° d'impression : 1522.
Dépôt légal : août 1994.